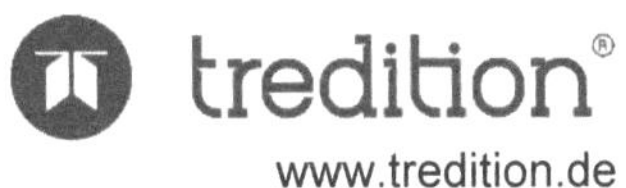
tredition®
www.tredition.de

AF387620

Dietrich Mack

Kleine Kolumnen für's Klo

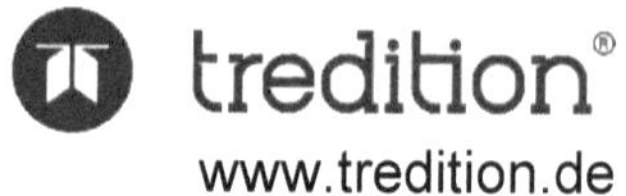

Verlag und Druck: tredition GmbH, Halenreie 40-44,
22359 Hamburg

ISBN
Paperback: 978-3-347-05246-8
Hardcover: 978-3-347-05247-5
e-Book: 978-3-347-05248-2

Filme leben von ihren Bildern, selten von ihren Worten. Aber es gibt Ausnahmen. Im schönsten Liebesfilm aller Zeiten, in „Casablanca“ gibt es einen Satz, der (egal, ob richtig oder falsch übersetzt) viele von uns beflügelt hat: „Schau mir in die Augen, Kleines.“ Jeder wollte, da es um Ingrid Bergman ging, Humphrey Bogart sein. Aus einem anderen Film hat sich mir ein Wort eingeprägt, das heute enorme Aktualität bekommen hat: In Stephen Spielbergs Film „E.T.“ ist das Schlüsselwort „Home“. Das Alien, das fremde Kind, sehnt sich nach seinem Zuhause. Dieses Wort und die von Michelangelo geklaute Geste haben uns damals sentimental gestimmt. Heute bestimmt das Wort unser Leben, ob als aufgezwungener Ort oder auch als Sehnsuchtsort, sei dahingestellt. Natürlich sind alle privilegiert, die nicht allein leben, großzügig wohnen, die Natur in ihrer Nähe haben. Aber auch in jede enge Mietwohnung kommt heute ein Angebot, das so im analogen Zeitalter unvorstellbar war. Da die reale Welt eingeschränkt ist, bekommt die virtuelle eine neue Bedeutung. Facebook, Youtube, Instagram u.a. avancieren zu wirklich sozialen Medien.

My home is my castle – Home-Office: Seit Jahren erprobt und jetzt zu einer großen und, wie es scheint, funktionierenden Arbeitsform in vielen Betrieben erweitert. Home-School: Das gab es noch nie, das muss man erst lernen, technisch wie pädagogisch. Home-Kino: Die Speicher sind riesig, die Abrufe ebenfalls, seit langem. Home-Konzert und -Theater: ARD/ZDF haben große Archive mit wunderbaren Aufzeichnungen von Konzerten und Theaterinszenierungen. Gut vorbereitet waren die Berliner Philharmoniker mit der Digital Concert Hall. Jetzt kommen online viele Theater hinzu wie Stuttgart mit ballett@home und viele private Künstler die Hausmusik für fremde Häuser machen. Home-Museum: Auch das gab es als „100 Meisterwerke“ bei BBC/ARD. Jetzt gehen Museen direkt online. Home-Messen, -Gottesdienste, -Vorlesungen, -Auktionen, -Unterricht für Leib, Geist und Seele. Weniges, was nicht zu uns nach Hause kommen kann. Es ist bequem, kostet wenig oder gar nichts. Aber gesellig ist es nicht; auf Dauer also unmenschlich. Und die Künstler macht es nicht satt.

Es ist die Zeit der Verlierer, vor allem der Kleinen, Selbständigen, Freien. Aber auch die Zeit der Geschäftemacher im Online-Handel, der Betrüger, Propheten. Zeit der Retter, Helfer, Helden im Alltag und die Zeit der Experten. Experten haben Hochkonjunktur, suggerieren Wissen und ihre Zahlen objektive Befunde. Sie verwirren, verängstigen mehr, als dass sie behutsam aufklären. Sicher ist nur, was der alte Sokrates so formuliert hat: Ich weiß, dass ich nichts weiß. Nichts ist gewiss. Es ist die Zeit zum Telefonieren, vor allem mit alten Menschen, geboren kurz nach der Spanischen Grippe mit Millionen Todesopfern, jung in den Trümmern der Stunde Null und trotzdem ein langes, gutes Leben. Jetzt erzählen sie von den Farbtönen des Himmels, wie eine Lerche singt und ein Ahornblatt sich langsam entrollt. Solche Gespräche sind für mich wunderbare Nachhilfe in Gelassenheit. Zeit zum Aufräumen der Schränke und, wichtiger, des Hirns. „Es ging immer nur vorwärts“

stottert man, während die Welt stolpert. Zeit für eine Zeitenwende: Der Geist soll frei und global surfen, aber das Leben muss wieder bodenständiger und damit unabhängiger werden. Wir wissen, dass wir uns ändern müssen und fürchten, dass wir es nicht schaffen.

Weniger anstrengend und sofort heilsam ist die geschenkte Zeit zum Lesen. Wenn man liest wie Boccaccio, Manzoni, Jacobsen, Camus und andere die Schrecken der Pest, Epidemien, Seuchen beschreiben, kann man sich glücklich schätzen, hier und heute zu leben. Allerdings berichten die Dichter auch, dass nur die Menschlichkeit über die Pest triumphiert.

Beethoven im weltweiten Jubelmodus – BTHVN 2020

Im öffentlichen Leben gehören runde Jahrestage bedeutender Ereignisse und Menschen zur Erinnerungskultur. Wir feiern 500 Jahre Reformation ebenso wie den 500. Todestag von Leonardo da Vinci. Wenn es aber um weltweite Präsenz geht, sind die vier Großmeister der klassischen Musik - Bach, Mozart, Beethoven Wagner - konkurrenzlos. Ihre Werke können überall aufgeführt werden. Sie gehören zum immateriellen Weltkulturerbe und haben Jubiläen eigentlich nicht nötig, um Aufmerksamkeit zu erfahren. Und doch feiert man sie immer gigantischer mit einer Flut von Aufführungen, Schallplatten, Büchern, Ausstellungen, Kongressen.

Ich habe mal nachgerechnet: Seit 1983 gab es sieben runde Jahrestage der Großmeister: Geburtstage von Bach (300), Mozart (250), Wagner (200) und Beethoven (250); Todestage von Wagner (100), Bach (250) und Mozart (200). Da gab es viel zu planen, zu proben, zu werben, zu veranstalten, zu feiern. Großereignisse, auch in ökonomischer Hinsicht. Man kann diese Eventkultur kritisieren oder sie gelassen hinnehmen und sich damit trösten, dass man nie übersättigt ist von den Werken dieser Komponisten, von Bachs Passionen, Mozarts Jupitersinfonie, Wagners Tristan oder den letzten Streichquartetten von Beethoven.

In diesem Jahr wird also Beethovens 250. Geburtstag gefeiert, in Maßen auch der des Dichters Friedrich Hölderlin und des Philosophen Friedrich Hegel. 1770 war ein starker Jahrgang. Hundert Jahre später feierte man das erste Jubiläum „im kleinen Kreis", denn gleich das erste Bonner Beethoven-Fest musste man verschieben. Wagner, der keinen großen Auftritt fand, rühmte Beethoven als deutschen Musiker, passend zum Sieg der Deutschen über Frankreich. 1927 gab es einen Stummfilm mit Fritz Kortner, 1970 den skandalträchtigen Film „Ludwig van" von Maurizio Kagel. Vergeblich grübelte man (auch der Kolumnist) über einen Beethoven-Film im Stil von „Amadeus" nach, der Mozart ins breite Publikum geschleudert hatte. Beethoven dagegen kam auf den Hund. Über diesen Bernhardiner, der die 5. Sinfonie liebt, gab es den Film „Ein Hund namens Beethoven" und sieben Fortsetzungen!

Jetzt heißt das Jubiläum BTHVN 2020. Zum Glück findet es nicht nur in den sozialen Medien statt, sondern in den größten und kleinsten Musiksälen der Welt. Überall führen die besten Musiker, die ambitioniertesten Laien Beethovens Werke auf, seine beiden Messen, seine Lieder, sein Violin-, sein Tripelkonzert, seine Klaviersonaten, Streichquartette und die anderen Werke für Orchester und Kammermusik. Vor allem aber seine neun Sinfonien. Die 9. Sinfonie ist mit ihrem Schlusschor zum Sehnsuchtsort aller Menschen geworden. Nur die Opernhäuser müssen sich mit „Fidelio" begnügen, Beethovens einziger Oper. An ihr werden sich die Regisseure abarbeiten.

1870 schrieb Wagner: „Beethovens Musik wird zu jeder Zeit verstanden werden." Heute würden wir vorsichtiger sagen, jede Zeit hat ihn anders verstanden: als Vollender der Klassik, Anfang der Romantik, Grübler, Heros, Olympier, Deutscher, Kosmopolit. Die Schicksalssinfonie wurde missbraucht, „Für Elise" traktiert, der Schlusschor der Neunten zur Europahymne. Beethoven, ein Deutscher, der fast alle seine Werke in Wien komponiert hat, furchtbar unter seiner Taubheit litt, kein Darling wie Mozart war. Aber die Wiener erahnten das Genie, das in diesem massigen, finsteren Kopf steckte. Mehr als 20 000 Menschen folgten seinem Leichenzug am 29. März 1827. Das wären heute mehr als 100 000 Menschen.

Wir sind mitten drin im Jubiläum, der 250. Geburtstag kommt erst im Dezember. Anschließend kann man sich auf den 200. Todestag vorbereiten, in ziemlich genau sieben Jahren. Beethoven lebt.

Opernregisseure sind kreativ. Während die Dirigenten ihre Energie oft in die Vergangenheit investieren, handschriftliche Partituren studieren, Spieltechniken und Aufstellungen rekonstruieren, alte Instrumente nachbauen lassen und das Resultat als „historisch informierte Aufführungspraxis" erfolgreich vermarkten, ist den Regisseuren alles Alte verdächtig. Zähneknirschend akzeptieren sie den Notentext. Zwar können sie den Dirigenten bitten, eine Fermate länger zu halten oder die Dynamik ins Extreme zu treiben, um einen Regieeinfall auszukosten, aber insgesamt ist ihr Einfluss gering. Eine Note ist eine Note ist eine Note. Auch das oft alberne Libretto lässt sich nicht so leicht umschreiben wie im Schauspiel, da der Text musikgebunden ist. So konzentrieren die Regisseure ihre Kreativität auf die szenische Aktualisierung der Oper. Dieses entrümpelnde Regietheater verkauft sich am besten im Optischen und im Programmheft: Jeans statt Ritterrüstung, Beton statt Aue, Aktentasche statt Schwert. Und auf Biegen und Brechen Relevanz im Gesellschaftlichen und Politischen. Für diese Regisseure gibt es nun eine Steilvorlage: Thüringen.

Die politischen Ereignisse in Erfurt bieten viele Möglichkeiten, Wagners Oper „Tannhäuser und der Sängerkrieg auf Wartburg" zu aktualisieren. In beiden Geschichten ist das gesellschaftlich-politische Potential groß. In der Oper tummeln sich Ritter, Grafen und Edelfrauen auf der Wartburg. Durch das Tal der Hörsel zieht im 1. Akt ein Jagdtross mit Hunden und Pferden, im 3. ein Pilgerzug. Der Landgraf von Thüringen bietet seine Tochter Elisabeth mit reicher Mitgift auf dem Heiratsmarkt an. Die Sache wird mit Hilfe des Vatikans böse enden, zumindest auf Erden (In den „Meistersingern“ handelt der reiche Goldschmidt Pogner ähnlich wie der Landgraf, doch in Nürnberg gibt es ein Happyend).

In „Erfurt“ haben Politiker und Politikerinnen aller Farben ihre starken und schwachen Auftritte im Landtag. Es gibt starke Bilder. Auf der Straße tummelt sich das Volk. Von ferne droht das Kanzleramt. Wie es enden wird, ist noch ungewiss.

Natürlich drängt es sich auf, die Sängerhalle auf der Wartburg mit dem Plenarsaal im Landtag aufzufrischen, Rom nach Berlin zu verlegen, Höcke als Chefideologen in den Venusberg zu stecken oder ihn als Scharfmacher Biterolf auf der Wartburg zu belassen. Ein Paar wie Tannhäuser und Elisabeth, dem wir alles Gute wünschen, gibt es in „Erfurt“ leider nicht. Aber auch für Ramelow tritt eine Dame mutig ein und wirft dem Verräter Blumen vor die Füße; vor gezückte Schwerter muss sie sich Gott sei Dank nicht werfen. Ein wagnerkundiger Politiker hätte sicher auch Texte wie „Wir stoßen dich von uns, bei uns darfst du nicht weilen! Schmachbefleckt ist unser Herd durch dich“ wirkungsvoll zitiert.

Die starken Emotionen und Bilder aus Erfurt kann man für die Oper gut verwenden. Aber auf zwei Schlusselwörter sollten Regisseure verzichten: „Dammbruch“ und „Brandmauer“. Da ist die Politik unsinniger als die Oper, was viel heißen will. Kein Experte empfiehlt

Brandmauern gegen Dammbrüche. Brandmauern sollen verhindern, dass Feuer übergreift, aber wenn ein Damm bricht und die Überlaufbecken voll sind, hilft nur Flucht, wenn überhaupt. In Erfurt hat man versäumt, die Feuerwehr zu befragen, sonst wären nicht nur einige Politiker nach dem Motto „Wir wollen den Weg frei machen“ geflohen, sondern das ganze Volk. Dann hätte sich die Politik endlich ein neues Wählervolk aussuchen können. Das hätte Brecht gefallen, Wagner mit seinem Hang zum Volkstribun weniger. Aber ein skandalerprobter Regisseur wie zum Beispiel Calixto Bieito fände auch dafür eine Lösung. Man darf gespannt sein.

Kretschmann und Goethe – eine Wahlverwandtschaft

Nun hat sich bestätigt, was man vor allem in Baden-Württemberg schon lange ahnte: Es gibt eine Wahlverwandtschaft zwischen Goethe und Winfried Kretschmann. Die Liste der Gemeinsamkeiten ist lang. Beide waren Experten für Biologie und Chemie. Die Biologie durchdrang morphologisch das riesige Werk Goethes, so dass er zu einer Metamorphosen-Autorität wurde. Aber auch der Chemie sprach er einen grenzenlosen Einfluss auf das Leben zu. Konsequent errichtete er in Jena den ersten Lehrstuhl für Chemie. So einflussreich war Kretschmann zunächst nicht. Aber er ließ sich wahrscheinlich von Goethe beeinflussen und unterrichtete beide Fächer an schwäbischen Gymnasien. Ob er dabei Goethes Farbenlehre berücksichtigt hat? Die Komplementärfarbe Grün, gemischt aus reinem Gelb und Blau (politisch wäre das fragwürdig), steht in Goethes Farbkreis als Gegenpol zu Purpur ganz unten. Sie ist nicht schön, edel oder gut, aber auch nicht gemein oder unnötig wie die anderen Farben, sondern in der „sinnlich-sittlichen Wirkung“ schlicht nützlich. Deswegen wird, so Goethe, „für Zimmer, in denen man sich immer befindet, die grüne Farbe zur Tapete meist gewählt“. Damit kann ein pragmatischer Grüner leben. Und so genossen bzw. genießen beide das Leben als Staatsmänner im ländlichen Raum; der eine in Weimar, der andere in Stuttgart. Beide durchaus selbst- und machtbewusst.

Nun hat sich Kretschmann ohne Not zur deutschen Rechtschreibung geäußert. Ziemlich leichtsinnig für einen Pädagogen und Politiker im Vorwahlkampf. Denn die große Mehrheit der Bevölkerung scheint Kretschmanns Meinung zur Rechtschreibung nicht zu teilen. Natürlich wird sie vergröbert kolportiert, aber auch bei näherem Hinsehen kann man zunächst kein Motiv für diesen Leichtsinn eines 71jährigen Mannes erkennen – es sei denn, er sucht erneut die Nähe zu Goethe. Doch Vorsicht ist geboten.

Kretschmann schreibt, jeder müsse Grundkenntnisse in der Rechtschreibung haben und er persönlich beherrsche sie mit allen Feinheiten, aber „die Bedeutung, Rechtschreibung zu pauken, nimmt ab, weil wir heute ja nur noch selten handschriftlich schreiben… und kluge Geräte die Grammatik und Fehler korrigieren.“ Natürlich überlassen wir vieles den „klugen Geräten“, vom

Computer bis zum Pflegeroboter; und mit dem autonomen Auto wird es nicht aufhören. Das erinnert an Goethes Zauberlehrling, der die Geister, die er rief, nicht mehr los wird, so dass der alte Hexenmeister einschreiten muss: „In die Ecke,/ Besen! Besen!/ Seid's gewesen."

Die Rechtschreibung allerdings war für Goethe kein Problem. In einem Gespräch mit Karl von Holtei meinte er locker, er habe meist verschiedenen Menschen diktiert und ihm sei die konsequente Rechtschreibung immer ziemlich gleichgültig gewesen. Wenn er mal selbst schreibe, bekennt er an anderer Stelle, dann mache er in jedem Brief „Schreibfehler und keine Comma" und auch „ein Wort mit dreyerley Orthographie". Aber der Verleger solle ja nichts verändern, sondern Rechtschreibung, Interpunktion, alle Fehler belassen wie sie sind. Wichtig sei nur, dass die Leute verstehen, was man sagen will. Vermutlich hätte sich Goethe auch von einem Computer jede Korrektur verbeten. Der Dichter darf sich über die Regeln erheben; das kennt man auch aus Wagners „Meistersingern". Der Politiker aber steht für Ordnung, auch in der Sprache, deren Regel wir lernen müssen, um nicht von klugen Geräten beherrscht zu werden. Undenkbar, dass Kretschmann nicht den „Zauberlehrling" kennt. Die Rächtschreybung ist eine ernste Sache und nicht jeder ist Goethe.

O England, du Land der Freiheit

England ist ein wunderbares Land. Es hat uns Shakespeare geschenkt, den vor langer Zeit die verdienstvollen Herren Schlegel und Tieck so eingedeutscht haben, dass wir locker mit den Österreichern konkurrieren können, die unbeirrbar Beethoven für einen Österreicher und Hitler für einen Deutschen halten. Da hätte nur noch gefehlt, dass die um ihren Ruf besorgten Kärntner ihren Nobelpreisträger Peter Handke nach Bayern abgeschoben hätten. Auch die deutschen Wurzeln von Donald Trump blieben bisher unter der pfälzischen Erde.

Als Gegengeschäft zu Shakespeare haben wir den Engländern auch einen erfolgreichen Dramatiker geschickt: Jürgen Klopp, der bekanntlich in Stuttgart geboren und im hübschen Dorf Glatten bei Freudenstadt aufgewachsen ist. Seit seinem Dienstantritt in Liverpool hängt in der Anfield Road eine Kuckucksuhr und Stuttgart buhlt, dem Vernehmen nach, um Shakespeares Globe Theatre als Ausweichbühne während des Milliarden-Umbaus der Oper. Theaterleute und Fußballer bekämpfen sich und lieben sich.

Bedauerlich ist, dass wir derzeit auf die wunderbaren Szenen aus dem Unterhaus, das vor allem Theresa May in der Rolle von Lady Macbeth souverän beherrscht hatte, verzichten müssen. Ihr Nachfolger Boris Johnson sucht immer noch nach einer Paraderolle, notfalls als Zwilling von Donald Trump. Da könnte wiederum Shakespeare mit der berühmten Rüpelszene aus dem „Sommernachtstraum" helfen. Dort gibt es Rollen, die den beiden blonden Polterern auf den Leib geschrieben sind.

Verlass ist auf das englische Königshaus. Unbeirrt beherzigt es den Refrain seiner inoffiziellen Nationalhymne „Rule Britannia“: „Rule the waves“, was man zeitgemäß übersetzen kann mit „Beherrsche die Schlagzeilen“. Und so folgte konsequent dem Brexit der Sussexit (auch einseitig Megxit genannt). Zunächst dachte man an eine Fotoaffäre, was heute eine heiße Sache sein kann. Auf dem Schreibtisch der Queen fehlte Weihnachten das in Sterlingsilber gerahmte Familienfoto von Prinz Harry und Neujahr wurden nur die Thronfolger Nummer 1 bis 3 gepostet; Harry aber nicht, er stand bisher auf Platz 6. Das roch nach Intrige, zumal der Bruder und Rivale Prinz William sehr fotopräsent war. Aber die Gründe für den Sussexit lagen tiefer: Die junge Familie, Harry, Megham und Sohn Archie (auf Platz 7 der Thronanwärter), wollte einfach ohne die Pflichten des Buckingham Palace (Händeschütteln ist ein Fulltimejob), des Militärdienstes und vor allem ohne die Verfolgungen der Boulevardpresse in den kanadischen Wäldern leben, wo man auf die nette Anrede Königliche Hoheit verzichten kann. Nun müssen Mr. und Mrs. Sussex ohne HRH die Renovierungskosten und die Miete für ihr Cottage im Windsor-Park (das wollen sie weiterhin für Besuche bei der Oma nutzen) und die Löhne für ihr Personal privat finanzieren, aus seinem Millionenerbe und ihren Fernseh-Millionengagen. Freiheit hat ihren Preis. Aber in diesem Fall muss man sich nicht sorgen oder gar spenden.

Die Geschichte steuert auf ein Happyend zu. Im Gerangel um die Thronfolge sind zwei „Player“ ausgeschieden und verzichten auf ihren Anteil an dem 82 Millionen Pfund-Topf, der jährlich unter den Mitgliedern der „Firma“ für offizielle Aufgaben aufgeteilt wird. Die Queen könnte also entspannt ihrem 70. Thronjubiläum in zwei Jahren entgegensehen. Aber der Drang nach Freiheit ist ansteckend. Auffällig oft betonte die Queen, sie verstehe den Wunsch ihres Lieblingsenkels nach Freiheit. Ob sie selbst an Teil- oder gar Auszeit denkt? Um, wie es Alan Bennett so witzig beschrieben hat, mehr Bücher zu lesen als Hände zu schütteln und Orden anzuheften? Das wäre definitiv der Freiheit zu viel.

Vom vernünftigen und vom guten Leben

Natürlich muss man sich sorgen um den Lauf der Welt, um Rassismus, Antisemitismus, Klimawandel und welchen Präsidenten die Amerikaner im November wählen werden. Natürlich beginnen wir das neue Jahr 2020 mit guten Vorsätzen, nachdem wir die Waage, die Cholesterinwerte, den Blutdruck, den Kontostand kontrolliert und im schlimmsten Fall eines der unzähligen Ratgeberbücher als heimtückisches Weihnachtsgeschenk bekommen haben. Man weiß dann alles, was man längst weiß, dass man sich ordentlich bewegen, mehr Obst und Gemüse essen, Stress abbauen und sparsamer leben soll. Am besten verzichtet man ganz auf Tabak, Alkohol und Fleisch, hat nur anständigen Sex und bewegt sich motorlos. Das verheißt ein langes Leben, so dass die Weltbevölkerung noch rasanter wachsen wird. An sieben Milliarden Menschen haben wir uns gewöhnt, zehn werden es bald sein; ob die Erde zwanzig erträgt, muss bezweifelt werden. Heute würde Gott, da er uns kennengelernt hat, vorsichtiger sein mit seinem Befehl: „Seid fruchtbar und mehret euch und füllet die Erde und machet sie euch untertan. (1. Buch Moses, 1.28).

Wenn wir den vielen Geboten unserer Tage strikt folgen, wird sich viel verändern: Der Tierbestand wird radikal reduziert. Enten, Gänse, Hühner, Schafe, Ziegen, Kühe werden nicht mehr gequält, gemästet, gefressen (pardon: gegessen). Sie liefern nur noch Daunen, Federn, Eier, Wolle, Milch. Ein paar Rinder zur Fortpflanzung, Pferde für die Arbeit in Wald und Flur. Die letzten Schweine werden nach China exportiert. Weinberge, Almen und Wiesen werden dem Wald und Ackerbau überlassen. Autobauer werden zu Förstern, Winzer zu Landwirten, Weinkeltereien zu Gewächshäusern. Bilder von Sir Winston Churchill, Herbert Wehner oder Helmut Schmidt werden enttabakisiert, wie Kunstwerke durch Me Too entsexualisiert wurden. Deutschland ein moralisch intaktes, rauch- und alkoholfreies Agrarland.

Streng zu beachten ist auch das Gebot bzw. Verbot der Bewegung. Ärzte streiten über alles, nur in einem sind sie sich einig: Bewegung ist gesund: Laufen, radeln, rudern oder ähnliches. Rad- und Wanderwege werden ausgebaut, vielleicht auch die Bahn. Denn wenn wir ohne Scham fliegen und das Auto, egal mit welchem Antrieb, als individuelles Freiheitssymbol benutzen, sinkt unser C02 Fußabdruck tonnenschwer ins Erdreich. Auch jede

Klimakonferenz ist eine ökologische Katastrophe (die Konferenz 2017 in Bonn entsprach der Jahresemission einer Kleinstadt), jedes Opern- oder Ballettgastspiel, jedes reisende Orchester, jede Tournee eines Weltstars, jede Ausleihe eines Kunstwerks verursacht Emissionen von zigtausend Tonnen CO2; so auch die Reise von Raffaels „Madonna mit den Nelken", gerade mal 28x22,5 cm klein, von London nach Berlin. Fußabdrücke, die unsere Erde zerfurchen. Ökologisch gesehen, sind Kunst und Künstler der Region die bessere Alternative. Internationalität hat einen hohen Preis.

So mauern uns die Gebote der Vernunft zunehmend ein. Aber sind nicht die unvernünftigen, die kleinen zwiespältigen, ja zwielichtigen Dinge das Salz in der Lebenssuppe? Ein Rotwein vor dem Kamin, ein Whisky in einer Bar, ein rosa Steak, eine Schwarzwälder Kirschtorte, ein Sonnenaufgang auf einem Alpengipfel, ein -untergang am Meer, eine Reise zu den Schätzen in den Uffizien oder in ein volles Fußballstadion – alles gesundheitliche und ökologische Sünden. Ein kleines erotisches Abenteuer kann zwar gesund und klimaneutral sein, aber das hat uns Me Too längst ausgetrieben. Das Leben, schreibt der argentinische Dichter Luis Borges, bestehe aus guten, oft unvernünftigen Augenblicken. Nicht immer, aber immer wieder, auch im neuen Jahrzehnt.

„Das alte Jahr gar schnell entwich/es konnt' sich kaum gedulden/und ließ mit Freuden hinter sich/ den dicken Sack voll (Schulden)" mit Gedenktagen, Jubiläen, Ereignissen (frei nach Wilhelm Busch).

Vor hundert Jahren war in Deutschland besonders viel los. Es war eine Zeitenwende. 1919 bekamen Frauen das Wahlrecht, die erste Volksabstimmung (zur Badischen Verfassung) fand statt, der Friedensvertrag von Versailles wurde unterzeichnet, das Zölibat für Lehrerinnen abgeschafft, die Weimarer Verfassung trat in Kraft und am Jahresende gab die Post ein Versprechen, das sie bis heute nicht immer einhält, nämlich Päckchen zu befördern. In der Kultur gab es ein Jahrhundertereignis: Walter Gropius gründete in Weimar das Bauhaus. Ein derartiges Kreativzentrum für Architektur, Design und Kunst könnte man auch heute gut gebrauchen.

Vor 75 Jahren gab es wieder eine Zeitenwende. In der Normandie begann am D-Day die Invasion der Alliierten, die zur Befreiung Deutschlands von den Nazis führte. Gut fünf Wochen später scheiterte am 20 Juli 1944 das Stauffenberg-Attentat auf Hitler. 1949, also vor 70 Jahren, wurde die Bundesrepublik gegründet, vor dreißig Jahren fiel 1989 die Berliner Mauer. Nach fünf weiteren Jahren wurde endlich der berüchtigte „Schwulen-Paragraph"175 aus dem Strafgesetzbuch gestrichen. Da hatte die Menschheit längst einen großen Sprung getan mit dem kleinen Schritt von Neil Armstrong, der vor fünfzig Jahren als erster Mensch den Mond betrat. All dies ist für die Jüngeren bereits graue Vorzeit, für die Älteren jüngst vergangene Gegenwart.

Runde Geburts- und Todestage waren Anlass, sich großer Menschen zu erinnern: Vor 500 Jahren starb das Universalgenie Leonardo da Vinci, vor 350 der Malerfürst Rembrandt; geboren wurde vor 250 Jahren der Naturforscher Alexander von Humboldt, vor 200 der Operettenkönig Jacques Offenbach und vor 150 Mahatma Gandhi, dem wir das Beispiel des gewaltfreien zivilen Ungehorsams verdanken.

Die Pariser Oper feierte ihren 350. Geburtstag, das Badische Staatstheater in Karlsruhe, etwas kleiner und jünger, sein 300jähriges Bestehen. Am Ostermontag brannte in Paris Notre-Dame, im November wurden aus dem Grünen Gewölbe in Dresden Kronjuwelen von unschätzbarem Wert geraubt. Der größte Verlust für die Musikwelt war der Tod der Sängerin Jessye Norman und des Dirigenten Mariss Jansons.

Zuverlässig hat uns Donald Trump wieder unterhalten und erschreckt, haben wir über die Shakespeare-Szenen im britischen Unterhaus mit ihrem neuen Hauptdarsteller Boris Johnson gestaunt; viele haben die Reden Greta Thunbergs vor dem Weltwirtschaftsgipfel in Davos („Ich will, dass ihr in Panik geratet") und der UN-Hauptversammlung in New York („Ihr lasst uns im Stich") bewundert. Und viele fragten sich, was eigentlich aus den von den Metoo Frauen beschuldigten Männern geworden ist, den Dirigenten, Regisseuren, Intendanten, Chefärzten? Sind sie verurteilt oder rehabilitiert?

Nach den Schlagzeilen herrscht ein merkwürdiges „einvernehmliches“ Schweigen. Nur der Fall von Placido Domingo zeigte offen einen Kulturbruch: Im moralisch rigiden Amerika wurde er gefeuert, in Europa gefeiert. Doch wie kein anderer Künstler hat uns Peter Handke beschäftigt, dem in dieser Woche der Nobelpreis für Literatur verliehen wurde. Eine epische Diskussion über die Frage, ob man Person und Werk voneinander trennen kann. Von Handke gab es keine Geste der Versöhnung gegenüber den Opfern des Massakers von Srebrenica. Ein großer Dichter und ein Rechthaber.

Bücher und Menschen – eine Schicksalsgemeinschaft

Es gibt erfreuliche Nachrichten, die persönlich belastend sein können. Im Oktober haben wir staunend die Erfolgszahlen von der Frankfurter Buchmesse gelesen: immer mehr Besucher, Neuerscheinungen, wachsender Optimismus bei Verlegern und Händlern. Voll auf Wachstum. Im November hat uns der nationale Vorlesetag mit einer dreiviertel Million Teilnehmern (aus Karlsruhe wurden 31 Veranstaltungen gemeldet, aus Offenburg leider keine) begeistert, haben wir sogar das harte Wort von Anna Thalbach „Ich finde, es ist ein Verbrechen von den Eltern, wenn sie ihren Kindern nicht vorlesen“ weggesteckt, weil wir uns trösten konnten mit der Statistik, dass immerhin zwei Drittel aller Eltern keine Verbrecher sind. Und nun drängeln sich alle nicht nur um Bratwurst und Glühwein, sondern auch um Bücher. Herbstzeit ist Bücherzeit. Weihnachten verschenkt man Bücher. Erfreulich und verwunderlich zugleich.

Von Cicero stammt das Wort: Ein Raum ohne Bücher ist ein Körper ohne Seele. Der alte Römer hatte natürlich gut reden, lebte in großzügigen Räumen mit wenigen Handschriften, ahnte nicht die Ergebnisse von Rotations- und Digitaldruck. Meine Großmutter kannte Cicero nicht, mahnte aber immer, Brot und Bücher nicht wegzuwerfen, sie seien unsere leibliche und geistige Nahrung - mit der familiären Konsequenz, dass heute die Blicke meiner Gäste irritiert über vollgefüllte Billy-Regale wandern und sich immer, wirklich immer zu der einen, einzigen Frage hinreißen lassen: Haben Sie das alles gelesen? Ehe sich der Gast mit Grausen wendet, sollte man schnell verneinen und einen Aperitif zur Beruhigung aufdrängen.

30 Millionen Deutsche kaufen jährlich Bücher. Was tun sie mit diesen? Lesen, behalten, vererben, verschenken, verleihen, weggeben, wegwerfen. Lesen ist natürlich die beste und wegwerfen die schlechteste Möglichkeit. Alles andere kann Probleme bereiten. Wohnraum wird immer teurer und damit der Platz für Bücher immer kleiner. Schon eine kleine Bibliothek zu behalten, ist eine luxuriöse Sache. Erben sucht man vergebens; die wollen Bankkonten, aber keine Bibliotheken. Auch die Versuche, gebrauchte Bücher zu verschenken, ist mühselig. Wenn man Glück hat, erbarmt sich ein karitativer Verein oder eine Stadtbibliothek und verkauft die Bücher zum Kilopreis (3-4 Euro). Neuwertige Bücher sind als

Geschenk beliebt, aber man sollte immer auf das Umtauschrecht achten und nie den Beschenkten fragen, wie ihm oder ihr das Buch gefallen habe. Vor allem bei dicken Büchern wie Jürgen Habermas „Auch eine Geschichte der Philosophie“ mit 1752 Seiten ist das ein absolutes No-Go. Verleihen kann die zwischenmenschlichen Beziehungen stärken oder schwächen, wenn das ausgeliehene Buch nicht zurückgegeben wird, was erstaunlich oft vorkommt. Weggeben ist leichter als vererben oder verschenken. Man stellt die Bücher einfach vors Haus oder in öffentliche Bücherschränke. E-Books können das Platz-, Hörbücher das Leseproblem lösen. Aber eine ordentliche Bibliothek mit ihren Freuden und Leiden ersetzen sie nicht.

In gewissen Kreisen gehört es zum guten Ton, die eintretenden Gäste mit einem Stapel von Neuerscheinungen zu erschrecken. Meist liegt er schweigend und drohend auf einem Tisch. Das ist gewissermaßen der literarische Beistelltisch zum Esstisch. Peinlich kann es werden, wenn der Gastgeber, nachdem er die höflich schweigenden Gäste mit seinen Lesefrüchten gefüttert hat, fragend in die Runde schaut. Die beste Hilfe in dieser Situation ist das Buch „Wie man über Bücher spricht, die man nicht gelesen hat“ von Pierre Bayard. Es ersetzt im Smalltalk jede Bibliothek.

Schwaben gelten als ordentliche und sparsame Leute. Sie bauen gerne Häusle, pflegen und fegen sie sorgsam. Ob sie häufiger als andere Landsleute beim Discounter oder im Supermarkt einkaufen, weiß ich nicht. Dort hätten sie eigentlich lernen müssen, mit großen Zahlen vorsichtig zu jonglieren. Alles kostet dort nicht ein, zehn oder hundert Euro, sondern immer ein klein wenig weniger. Auch wenn man diesen Trick durchschaut, fördert er die Illusion, der Händler habe sorgsam kalkuliert und will unseren Geldbeutel schonen. Diesen Trick hätten Experten und Politiker unbedingt anwenden müssen, als sie nun nach langem Grübeln bekannt gaben, die Sanierung der Württembergischen Staatstheater werde eine Milliarde kosten. Viele Menschen glauben, mit hundert Millionen sei eine Milliarde gut bedient. So gesehen, wäre die Sanierung ein Schnäppchen. Aber leider sind es tausend Millionen, und entsprechend groß sind Empörung und Fatalismus.

Wir haben uns an große Zahlen gewöhnen müssen. In der Cum-ex-Welt, das ist ein vollkommen undurchsichtiger Handel mit Aktien, soll dem Staat mehr als zehn Milliarden Euro geklaut worden sein. Stuttgart 21 kostet mehr als acht, Flughafen BER mehr als sieben Milliarden. Millionäre sind zu Mittelständlern geschrumpft. Vorbei sind die Zeiten, in denen nach dem zweiten Weltkrieg viele Theater für einen ein-, höchstens zweistelligen Millionenbetrag gebaut wurden, wie das Nationaltheater Mannheim (13 Millionen DM). Heute werden die Bühnen in Köln für 570 Millionen Euro saniert, plant Frankfurt mit 700 Millionen für Sanierung oder

Neubau. Die Elbphilharmonie hat nicht, wie geplant, 76 Millionen gekostet, sondern gut das Zehnfache. Und für den Fußballer Neymar fordert sein Club in Paris 300 Millionen Ablöse. Wer weigert sich, dieses Monopoly mitzuspielen? Eigentlich dachten wir immer: die Schwaben.

Andererseits galten die Schwaben in Sachen Kultur auch als verschwenderisch. Schon im 16. Jahrhundert erhielten Sänger und Musiker am Hoftheater die höchsten Gagen, obwohl der Staat zeitweise bankrott war. 200 Jahre später ließ man sich mit Schlössern, Theatern, Kunstsammlungen nicht lumpen, und als 1902 das gerade mal 90 Jahre alte Hoftheater nach einer Aufführung der „Meistersinger" abbrannte, war man zügig und großzügig bei der Sache. In fünf Monaten wurde ein Interimstheater gebaut und mit „Tannhäuser" eröffnet (man hielt also unbeirrt an Wagner fest). In vier Jahren stand die Finanzierung für den Neubau: der Staat sagte 4 Millionen Goldmark für die Oper zu, die Stadt 1,2 Millionen für das Schauspiel. Das wären heute im offiziellen Kaufkraftvergleich gut 30 Millionen Euro. Nach längerer Diskussion bekam Max Littmann den Auftrag. Er war, wie Gottfried Semper und Fellner & Helmer, ein Stararchitekt und baute in drei Jahren das Theater im 2 Haus-Prinzip. Im September 1912 wurde es eröffnet und heute ist es marode. Warum hat man vor allem das große Haus, die Oper, so verfallen lassen? Jeder Schwabe pflegt, repariert, renoviert sein Häusle. Liebevoll und kontinuierlich. Aber in der Oper, auf die man aus vielen guten Gründen stolz sein kann, dürfen die Dächer undicht werden, die Wände feucht, die Rohre rostig, darf die Technik veralten. Vom viel zitierten Brandschutz ganz zu schweigen. Nun liegt das Kind im Neckar und selbstverständlich muss man es retten, auch wenn der Preis hoch ist und erfahrungsgemäß noch steigen wird. Opernfreaks sind zu allem bereit, aber es soll auch ein paar Schwaben geben, die nur auf den Stufen der Oper sitzen. Denen tausend Millionen schmackhaft zu machen, bedürfte es eines 3 Sternekochs. Württemberg hat keinen, Baden könnte aushelfen.

Gesinnungslumpen oder Helden?

Wien erkundet man am besten mit der Straßenbahn: Ringstraße links rum, rechts rum, rausfahren nach Grinzing, Nußdorf, Ottakring, Zentralfriedhof, Praterauen usw. Die Weltgeschichte kann man in einem Caféhaus erkunden; nicht in einem touristischen der Innenstadt wie „Landtmann“ oder „Hawelka“, sondern am besten in einem Café Richtung Gürtel, zum Beispiel im „Goldegg“. Dort hat man seine Ruhe, vorzügliche Mehlspeisen, einen großen Braunen und viele internationale Zeitungen. Ich las mich fest, vor allem in den österreichischen Blättern. Die rauschten gewaltig. Der Grund waren nicht Brexit oder Trump, der war in die Nähe der Rätselecke gerückt, sondern Peter Handke, der frisch gekürte Nobelpreisträger für Literatur aus Kärnten. Kein Land kann sich über kulturelle Dinge so wunderbar echauffieren wie Österreich; man denke nur an den „Herrn Karl“ von Helmuth Qualtinger oder „Heldenplatz“ von Thomas Bernhard. Der alte und wahrscheinlich neue Bundeskanzler Sebastian Kurz war

„irrsinnig stolz" auf den Nobelpreis, der auch eine Auszeichnung für das Literaturland Österreich sei. Handke, der aus Paris angereist kam, wurde in seinem Heimatort Griffen eine Pfeffermühle aus Kärntner Holz überreicht und die schwang er sofort gewaltig, als ihn ein Journalist fragte, was er zu Sasa Stanisic sage, der ihn bei der Verleihung des Deutschen Buchpreises scharf kritisiert hatte. Handke tat, was er poetisch und politisch meisterhaft beherrscht: Er wütete und schimpfte. Und hegte sich ein bei Tolstoi, Homer und Cervantes. Da konnte ihm natürlich niemand folgen. Aber man grub alle Wutanfälle aus, mit denen Handke „scheinheilige" Journalisten attackiert hatte, die sich (so Handke) ihre Betroffenheit in den Arsch schieben sollten. Vor allem aber enthüllte man täglich (und immer noch), was Handke unter „Gerechtigkeit für Serbien" verstand. Selten hat er die Kriegsverbrechen der Serben im ehemaligen Jugoslawien und das Massaker von Srebrenica verurteilt, wiederholt hat er sie relativiert, entschuldigt, poetisch ummäntelt. Der Genozid sei eben als Racheakt zu verstehen. Die Opfer hat er nicht erwähnt, die Trauer der Mütter von Srebrenica nicht ernst genommen, am Grab von Milosevic eine Rede gehalten. Die Liste ist lang und unrühmlich, selbst für einen Poeten starker Tobak. Ein Kniefall vor den Opfern ist nicht dokumentiert. Seit den neunziger Jahren trug Handke dieses Kainsmal. Nun glühte es erneut im Rampenlicht des Nobelpreises. Hätte Handke, wie Jean-Paul Sartre 1964, den Preis ablehnen sollen?

Es gibt schwierigere Fälle als Handke. Die Nobelpreisträger Knut Hamsun und Konrad Lorenz verehrten

Hitler. Caravaggio (derzeit im Kunsthistorischen Museum) war ein Mörder, der grandiose Bilder gemalt, Wagner ein Antisemit, der überwältigende Musik komponiert hat. Ist man nachsichtig mit großen Künstlern? Manches relativiert sich, anderes nicht. Vor allem jenseits des Strafrechts aber sollten wir unsere Empörungsgene zügeln und behutsam sein mit Verdachtsverurteilungen. Denn was gestern „korrekt" war, gilt heute als obsolet; was moralisch toleriert wurde, wird heute verurteilt. Viele Dinge ändern sich eben.

Nicht aber die Leidenschaft der Wiener zur Oper. Am Abend sang Placido Domingo „Macbeth" von Verdi. Ich hatte keine Karte, aber die Neugier trieb mich zur Staatsoper. Die Menschen jubelten noch auf der Straße und sie strahlten, als ob Kaiserin Sissi auferstanden sei. Im prüden Amerika wird Domingo geächtet, im Abendland gefeiert – aber das ist eine andere Geschichte.

Vorschlag: Handke stiftet das Preisgeld von gut 800 000 Euro den Opfern von Srebrenica, Domingo entschuldigt sich (falls nötig) und singt weiter, vor allem Verdi.

Wenn Sterne am Himmel verglühen was dann?

In rauen Zeiten, also in unseren, sehnt man sich verstärkt nach Schönheit und Harmonie, riskiert, wenn man sich dazu bekennt, von seinen Mitmenschen nachsichtige, spöttische, ja aggressive Reaktionen, denn es gäbe nun wirklich wichtigere Dinge als zum Beispiel -

ein Ballett. Dem kann man getrost zustimmen und dennoch eine Aufführung genießen, wie jüngst mit dem Hamburg Ballett in Baden-Baden. Der Welt-Verzweiflungs- oder -Rettungsmodus ergreift uns ohnehin jeden Morgen neu.

Das Ballett hat nichts, gar nichts mit der realen Welt zu tun. Es führt uns in eine ideale Welt. Auf der Bühne stehen junge, schlanke Menschen. Sie strahlen oder träumen vor sich hin. Sie ignorieren die Schwerkraft der Erde. Ihr Medium ist ein durchtrainierter, perfekter Körper, von den Haar- bis zu den Zehnspitzen. Sie sind „Projektionsflächen" für die Träume junger Mädchen, für die Bewunderung, oft auch Begehrlichkeit Gleichaltriger und die Erinnerungen der Älteren. Was auch immer diese bewunderten und begehrten Tänzerinnen und Tänzer mit ihrer Körpersprache darstellen, ihre Geschichte hat meist ein Happyend. Ein Ende wie in „Tosca" oder „Traviata" ist im Ballett unmöglich. Vor allem Weihnachten ist mit der aufgestauten Sehnsucht nach Harmonie, Glanz und Happyend, Ballettzeit. Märchen werden wahr, zumindest für die Dauer einer Vorstellung.

Für diese Träume von Schwerelosigkeit, Schönheit und Harmonie, für diese seelische Wellness, die sogar therapeutisch wirken kann, zahlen wir einen geringen Preis. Das Leben aber der „Märchenerzähler", der Tänzer auf der Bühne ist hart, schlecht bezahlt und kurz. Achtjährig beginnt es in Privatschulen, Mitte Dreißig endet es meist auf einer kleinen Bühne, selten auf einer großen. Dazwischen: Arbeit, Disziplin, Härte, strenge Hierarchien, Verletzungen. Training „von der Wiege bis zur Bahre".

Am Ende ein geschundener, kaputter Körper. In der Sozialhierarchie der Künstler stehen die Tänzer ganz unten, bei den Choristen. Ihre Lebensarbeitszeit ist kürzer als die jedes anderen Künstlers, ist kurz wie die eines Fußballers ohne dessen Bankkonto. Denn bezahlt werden Tänzer wie Lehrer, aber ohne staatliche Sozialleistungen, Festanstellung, Versorgung im Alter. Nur ganz wenige leuchten als „Etoile“ am Bühnenhimmel, glühen und verglühen nach wenigen Jahren. Früher wurden einige von ihnen von wohlhabenden Herren aus Russland oder Frankreich geheiratet, wenige wurden berühmte Choreographen: Nurejew, Nijinsky, Balanchine, Cranko oder Neumeier; nicht minder erfolgreich: Marcia Haydée, Pina Bausch, Sasha Waltz oder Birgit Keil. Und die anderen?

Vor sechzig Jahren schrieb ein Kritiker vom Sklaventum, „dessen Ketten nur der eigene Idealismus vergoldet.“ Heute gibt es zwar Tarifverträge, um die Ausbeutung zu mildern, aber sie lösen nicht das Hauptproblem der Tänzer jenseits der dreißig, die Frage: Was dann? Auf die wenigen weiterführenden Berufe in den Kompanien (Ballettmeister, Repetitor, Dramaturg, Choreologe) können sie nicht hoffen, sie müssen neu anfangen. Zurück auf null. Das müssen viele Menschen in der modernen Arbeitswelt auch, aber für Tänzer ist der Umbruch besonders schwierig. Ihre Welt war der Ballettsaal, ihr Beruf Tanzen, sonst nichts. In diesem Kokon erwarben sie wichtige „soft skills“ wie Kreativität, Disziplin, Kommunikation, aber keinerlei nützliches Wissen, um die Schwierigkeiten und Probleme des Alltags zu meistern, um einen bürgerlichen Beruf auszuüben.

Zwar gibt es staatliche und private Hilfe wie die „Stiftung Tanz“ in Berlin, deren einziger Zweck es ist, Tänzer beim Übergang von der Bühne in ein neues Berufsleben zu beraten. Doch diese sogenannte „Transition“ ist für Tänzer schwieriger als jede Verwandlung in eine Prinzessin oder einen Prinzen. Für unser Glück zahlen sie einen hohen Preis.

Die Medici - Lob der Skrupellosigkeit

Wenn man für die Uffizien in Florenz ein Ticket im Vorverkauf erworben hat (24 Euro), wenn man pünktlich zur angegebenen Stunde erscheint (15 Minuten darf man sich verspäten), wenn man nach den Sicherheitskontrollen als altmodischer Einzelreisender robuste Survival-Qualitäten entwickelt hat, um nicht von den Besuchergruppen aller Nationen zerstampft zu werden, wenn man nach Luft schnappt und Fotos von Bergsteigern halluziniert, die am Hillary Step des Mount Everests im Stau stehen, wenn man sich so weit durchgekämpft hat, dann ist man bei der „Heiligen Familie“ von Michelangelo angelangt. Ein Tafelbild, einmalig wie der Mount Everest. Natürlich gibt es noch viele andere „Achttausender“ in den Uffizien: Bilder von Giotto, Piero della Francesca, Sandro Botticelli, Leonardo da Vinci, Raffael, Tizian, Caravaggio; gibt es Säle voller Skulpturen und tapeziert mit Gemälden. Ach was, ganz Florenz ist eine Schatzkammer, prall gefüllt mit Kunstwerken, Palästen, Kirchen.

Wenn man diesen Kulturschock und die globalen Touristenhorden, denen man selbst angehört, überlebt hat, fragt man sich irgendwann, wem man diese Orgie von Kunstwerken verdankt, zumindest einen sehr großen Teil davon? Es wäre nicht falsch zu antworten: Kaufleuten, Bankern, Banditen, Lügnern, Mördern. Seit dem 15. Jahrhundert beherrschte die weitverzweigte Sippe der Medici fast 350 Jahre Florenz und machte Politik und vor allem Geschäfte mit vielen Ländern. Eine global acting company würde man heute sagen. Die berühmten Cosimos und Lorenzos, die Frauen, die Kaiserinnen in Frankreich und die Männer, die Päpste wurden, sie alle waren machtgeil, geldgierig, skrupellos. Moralisch kommt man ihnen nicht bei. Machiavelli hat das sinngemäß so formuliert: Fortuna ist ein Weib, man muss es schlagen und stoßen, um Macht zu gewinnen und zu erhalten, wenn nötig auch mit Gift und Dolch, Lüge und Verbrechen. Das ist die eine Seite; die andere ist, dass die Medici ihre Herrschaft mit Großmut, Kühnheit, Ernst und Kraft ausgeübt und dass sie mit enormem Weitblick als Auftraggeber und Sammler in die besten Künstler und Architekten der Renaissance investiert haben. Auch das war eine Machtdemonstration, aber eine mit Ewigkeitswert. Die letzte dieser Sippe, Anna Maria Luisa de'Medici, hat diesen ganzen Nibelungenhort 1743 der Stadt Florenz geschenkt. Man sollte ihr täglich in Santa Croce (dort gibt es berühmte Grabmäler) Kerzen anzünden.

Natürlich können Verbrechen mit großer Kunst nicht aufgewogen werden, gibt es keinen simplen Ablasshandel. Natürlich haben sich die Zeiten geändert, zum Besseren wie zum Schlechteren. Demokratien sind schwerfällig in ihren Entscheidungen, richten sich immer nach Mehrheiten. Selten zum Vorteil der Kunst. Die Uffizien wären nie gebaut und mit Kunstwerken gefüllt worden, wenn die Bürger von Florenz abgestimmt hätten. So gesehen ist der Bau der Elbphilharmonie in Hamburg ein Wunder.

Noch weniger sollte man den heutigen Machthabern trauen. Einige von ihnen, besonders die, die sich autokratisch und populistisch gebärden, scheinen ihnen passende Zitate von Machiavelli verinnerlicht zu haben (der Schein ist wichtiger als die Moral; Wortbruch ist erlaubt, muss aber unbemerkt bleiben; die Fähigkeit zur Herrschaft ist die größte Tugend), regieren mit Lügen und Kriegsrhetorik, ignorieren Gesetze, genießen öffentliches Ansehen trotz deftiger Vorstrafen, verwalten und lenken gewaltige Geldströme. Aber was tun diese Miniaturmedicis mit ihrer Macht? Welche Werte schaffen und sichern sie für die Nachwelt, damit man großzügig über ihren Charakter und ihre Methoden hinwegsehen könnte? Sie bauen mit viel Glitzer einen Trump-Tower oder anderen Unsinn. Wenn man darüber grübelt, sehnt man sich nach den Medicis, diesen grandiosen Lumpen.

Muss ich verstehen, was die auf der Bühne singen?

Viele Opernfreaks interessieren sich nur für die Musik. Die Inszenierung stört und der Inhalt sei oft unsinnig. Augen zu und durch – musikalisch natürlich. So radikal sind natürlich nicht alle Menschen, einige interessieren sich für das Werk und gehen gut vorbereitet in eine Vorstellung. Doch die meisten bewegen sich virtuos im Ungefähren, kokettieren mit Naivität („Ich lass mich überraschen") oder lesen eilig die Inhaltsangabe im Programmheft. Die Inhaltsangabe ist neben der Besetzungsliste die wichtigste Information jedes Programmhefts. Die klugen Analysen der Dramaturgen wandern bestenfalls ungelesen ins heimische Buchregal.

Im Zeitalter des Barocks konnte man mit dieser Ahnungslosigkeit gut leben. Immer wieder wurden die immer gleichen Sujets vertont. Von Pietro Metastasios Opernstoff „Artaserse" gab es mehr als 90, von „Didone abbandonata" mehr als 70 Vertonungen. Man ging in die Oper, um gesehen zu werden und die musikalische Virtuosität des angesagten Stars zu erleben. Der Inhalt war bekannt oder egal. Es galt: „Prima la musica e poi le parole" – so der oft zitierte Titel eines Einakters von Antonio Salieri, dem Zeitgenossen und Rivalen Mozarts. Erst die Musik und dann das Wort – das war früher. Christof Willibald Gluck forderte als Erster für die Oper dramatische Wahrheit, und alle, von Wagner über Strauss bis zur Gegenwart, werden ihm folgen. „Lovely sound and wasted words", wie es ein englischer Kritiker formuliert hat, genügt nicht mehr. Man sollte verstehen, was gesungen wird, z. B. den Witz und die

Feinheiten der Texte von Lorenzo da Ponte, dem kongenialen Librettisten Mozarts.

Was also ist zu tun? Im 19. Jahrhundert beginnt man, die italienischen und französischen, später auch die slawischen und englischen Opern ins Deutsche zu übersetzen und hofft, dass die Sänger den Text verständlich artikulieren. Das gelingt mehr oder weniger schlecht, was auch mit hohen Stimmlagen zu tun hat, weniger mit der Nationalität. Jessye Norman artikulierte besser als jede Deutsche, Anna Netrebko bleibt unverständlich, bei Christian Gerhaher versteht man jede Silbe.

Als das Leben im letzten Drittel des vorigen Jahrhunderts globaler wurde, kehrte man zur Originalsprache zurück und übernahm aus dem Filmbereich die Methode, Titel einzublenden. Im Film gab es schon immer Titel; Zwischentitel im Stummfilm, Untertitel für die Originalfassungen, die bis heute in allen kleineren Ländern gespielt werden, um Synchronkosten zu sparen. Die Cineasten freuen sich. Bei der ersten Oscar-Verleihung 1929 gab es sogar einen Preis für Zwischentitel. In der Oper laufen die Titel meist über dem Bühnenportal, selten seitlich; in der New Yorker MET und in der Wiener Staatsoper hat man Bildschirme für die Titel in die Rückenlehnen der Vordersitze eingebaut; gute Sicht und Verständlichkeit sind garantiert. Titel gibt es heute in allen großen Opernhäusern. Nur die Komische Oper in Berlin hält an deutschen und die English National Opera an englischen Textfassungen fest.

Und in Bayreuth? Vor einigen Jahren besuchte ich „Rheingold“ und hörte, wie in die absolute Stille des sich langsam verdunkelnden Raums eine Frau ihrem Mann lautstark zuflüsterte: „Darling, please, tell me the story“. Nicht ganz einfach beim „Ring“. „Watch the surtitle“ wäre natürlich eine hilfreiche Antwort. Aber in Bayreuth hat man bisher keine überzeugenden Lösungen für Titel gefunden. Für Bildschirme sind die Sitzreihen zu eng, spezielle Brillen sind noch zu teuer, Titelprojektionen auf Bühnenportal und Seitenwände würden die Harmonie des Raumes empfindlich stören. Wagaleiweia und Hojohoto versteht man immer, den „Meistersinger“-Text selten. Und das ist wirklich schade.

Seid umschlungen Millionen - Beethovens Neunte und kein Ende

Auch er! Vor vier Jahren wählten die Berliner Philharmoniker Kirill Petrenko zu ihrem Chefdirigenten. Erst nach langen Debatten gaben sich die Anhänger Christian Thielemanns geschlagen. Es war eine mutige Entscheidung, die heute von allen bejubelt wird. Der Russe, der in Österreich und Deutschland eine zügige Karriere durch die Provinz gemacht hatte und dann in München und Bayreuth gelandet war, galt als medienscheu, schwierig und hochinteressant. Er trat in die großen Fußstapfen von Furtwängler, Karajan, Abbado, Rattle. Jetzt hat Petrenko offiziell sein Amt angetreten und sein erstes Stück war, neben der „Lulu-Suite“ von Alban Berg, die 9. Sinfonie von Beethoven. Warum immer wieder Beethovens Neunte?

Natürlich gab es Anlässe: In diesem Jahr ist es Fall der Berliner Mauer vor dreißig Jahren, im nächsten Beethovens 250. Geburtstag. Petrenko neigt nicht zu Pathos, er ist ein nüchterner, genauer Arbeiter, doch die Botschaft, die er in einer Pressekonferenz formuliert hat, ist überraschend pathetisch: „Ich habe mir immer vorgestellt, wenn man eine Botschaft an die fernen Planeten senden würde und man würde darin unsere Menschheit als Individuen und als Gesellschaft – die Gesellschaft mit all unseren positiven wie negativen, mit allen fantastischen Kultureinrichtungen und auch den schrecklichen Dingen, die wir gemacht haben in der Vergangenheit – wenn man das alles beschreiben müsste, könnte man nirgendwo eine bessere Beschreibung finden, als in Beethovens 9. Symphonie."

Obwohl Kritiker an der Neunten immer herumgemäkelt haben, ist sie seit ihrer Uraufführung 1824 in Wien, die Beethoven selbst dirigierte, ein riesiger Publikumserfolg. Für Wagner war es der Gipfel allen sinfonischen Schaffens. 1846 dirigierte er die Sinfonie erstmals in Dresden und, wie selbstverständlich, 1872 zur Grundsteinlegung des Bayreuther Festspielhauses.

Die populäre Wirkung beruht vor allem auf dem vierten Satz mit Schillers „Ode an die Freude“. Die menschliche Stimme krönt die Instrumentalmusik. Jedes Wort der Solisten und vor allem des Chores ist ein Programm: Freude, Götterfunke, feuertrunken, Brüder, seid umschlungen Millionen, Kuss der ganzen Welt, Sternenzelt. Es lädt zum Mitsingen, Mitjubeln ein, steigert sich euphorisch zum Glauben: Gemeinsam, weltumspannend schaffen wir alles.

Das haben sich natürlich auch Politik und Wirtschaft zunutze gemacht. So wurde die Neunte benutzt für Werbespots aller Art, für Autos, Bier, Milch und „Muppet Show“, zierte große Anlässe („Führers Geburtstag“), die Gründung und überraschend auch die Beerdigung der DDR, wurde verknappt zur Hymne des Europarats. Leonard Bernstein feierte mit ihr den Fall der Berliner Mauer und ersetzte das Wort „Freude“ durch „Freiheit“. Weihnachten 1989 war es also eine „Ode an die Freiheit“. Und im Bayreuther Festspielhaus wird sie immer wieder aufgeführt, auch im Beethovenjahr 2020.

Eine Sinfonie für große Anlässe. Die Aufführung in der Berliner Philharmonie wurde in fast 150 Kinos übertragen, und bei der zweiten Aufführung vor dem Brandenburger Tor, die live im Fernsehen gezeigt wurde, lagen sich 35 000 Menschen in den Armen und klatschten begeistert Beifall nach jedem Satz. Das war zwar nicht weltumspannend wie beim Wiener Neujahrskonzert, aber doch ein Ereignis, das Hobby- und Berufspessimisten, die beharrlich den Untergang der klassischen Musik voraussagen, einmal mehr widerlegte. Man könnte viele Open-Air Konzerte hinzufügen; da kommen zwar nicht Millionen zusammen, aber oft mehr als in Fußballstadien. Man könnte auch auf Sachsen verweisen. Dort sind die Besucherzahlen für Theater, Oper und Konzert doppelt so hoch wie im Bundesdurchschnitt. Noch ist Sachsen nicht verloren und die klassische Musik erst recht nicht.

Nicht nur Kreuzbänder reißen im Sommerloch

Erinnern Sie sich an den letzten Sommer 2018? Eine Art Death Valley. Unser Fußball war in Russland verdorrt, Mesut Özil präsentierte sich an der Seite von Erdogan, Joachim Löw tauchte ab. Viele „Brennpunkte" zur Heisszeit, die später abgelöst wurden von denen zum Schnee, der nicht schmelzen wollte. Endlich schmolz er und der Mai folgte der Bauernregel: Ist der Mai kühl und nass, füllt's dem Bauer Scheun' und Fass. Aber dann kam überraschend der Sommer. Wieder ist es heiß geworden, hat Frau Merkel die Bayreuther Festspiele eröffnet, ist in Südtirol gewandert (offensichtlich liebt sie schweißtreibende Situationen). Wieder kam die Stunde der Experten mit tiefgründigen Klima-Analysen (die Dürre sitzt jetzt 1,4 Meter tief im Boden), kündigten Politiker Gebote und Verbote an. Sommerliche Stallwache in Berlin, da muss der Riege der B-Politiker schon viel einfallen, um die globalen Probleme zu lösen. Sie sollten bei Hölderlin nachschlagen: „Wo aber Gefahr ist, wächst das Rettende auch" – diesmal in Afrika. Äthiopier haben 353 633 660 Bäume gepflanzt; geplant sind insgesamt vier Milliarden. Ihr Land ist dreimal so groß wie Deutschland, so dass bei uns 1,3 Milliarden Bäume genügen würden. Vielleicht sollte man Äthiopier als Entwicklungshelfer engagieren. Auch Brasilien mahnte uns zur Aufforstung. Durch Deutschland muss also ein Pflanz-Ruck gehen. Waldsterben, Monokulturen – das war gestern. Erschließen und verdichten – diese simple Losung der Städte gehört in den Wald, denn nicht nur unsere Gesundheit liegt im „Waldbaden", das sogar hartgesottene Schulmediziner predigen, unsere ganze Zukunft liegt dort.

Im Fußball wurde zwar nicht gekickt, dafür inbrünstig Theater gespielt. Das Stück hieß „Heiße Transfers" und erinnerte stark an Becketts „Warten auf Godot". Man wartet, redet, wartet, redet, aber Godot kommt nicht. So ein Godot war auch Leroy Sané. Sein erhoffter Wechsel zu Bayern München beherrschte die Schlagzeilen. Jedes Husten, jedes Schweigen wurde kommentiert und steigerte sich zu einem Tsunami, als das Kreuzband des ersehnten Heilsbringers riss. Es war ein medialer Kniefall vor diesem Knie-Fall. Aber immerhin lernten wir von den Experten, was ein „Schubladenphänomen" ist, wo der „Semitendinosus" sitzt und wie schnell und häufig man die Koordination verlieren kann. Dann rollte der Ball ohne Sané wieder an und Greta Thunberg stach in See.

Die Kultur hatte natürlich kein Sommerloch. Bayreuth und Salzburg feierten sich kräftig. Statt handfester Skandale gab es interessante Aufführungen. Nur in Bayreuth grollte es leise. Darf dort ein Freund Putins dirigieren, während in Russland Homosexualität zumindest tabuisiert ist? In Bayreuth saßen viele gleichgeschlechtliche Paare im Publikum, auch ein veritabler Bundesminister. Eine moralische Zumutung auch anderenorts? Der Fall erledigte sich künstlerisch. Valery Gergiev dirigierte den „Tannhäuser" lau und wird wahrscheinlich nicht wieder kommen.

Schließlich gab es noch ein richtiges Sommergewitter. Neun Frauen, acht davon anonym, beschuldigten Placido Domingo, sie vor dreißig Jahren sexuell belästigt zu haben. Von physischer Gewalt ist nicht die Rede, wohl aber von sexuellen Nachstellungen, die in den 80er Jahren geduldet oder erduldet wurden und nun im Zuge der Metoo- Bewegung angeprangert werden. Ohne Zweifel ändern sich Moralbegriffe. Die Reporterin und Augenzeugin Beate Wedekind findet die Vorwürfe absurd; es seien heftige „Flirts" gewesen, die Domingo, aber auch viele Frauen geliebt hätten. Warum wird dieser große Künstler, dieser auch von uns bewunderte Opernheld an den Pranger gestellt? Was ist das Motiv? Rache? Aufklärung? Viele Fragen, komplizierte Antworten. Sie werden uns über den Sommer hinaus beschäftigen.

Der Zeitgeist weht über Bayreuth

Eigentlich ist Oberfranken wunderbar geeignet für erschöpfte Stars. Bayreuth ruht selbstbewusst-provinziell in seinen Sandsteinhäusern. Luxushotels, Sternerestaurants, spektakuläre Landschaft – Fehlanzeige. Dennoch besuchen seit 1876 viele Millionen Menschen die Bayreuther Festspiele. Nabobs, Künstler, Politiker, Rentner. Hitler war vernarrt in den Wagnerclan, obwohl die Musik des Nationalsozialismus das Horst-Wessel-Lied ist und nicht der Trauermarsch aus der „Götterdämmerung". Toscanini ging, als die Nazis kamen, und Theodor Heuss kam auch dann nicht, als aus Bayreuth „Neubayreuth“ wurde. Wagner polarisiert eben wie kein anderer Künstler. Deutsch, laut, antisemitisch. Viel zu sitzen, wenig zu lachen. Die Erblasten sind schwer. Aber in diesem Jahr sprach und schrieb man mehr über die schwarze Dragqueen Le Gateau Chocolat, die mit Oskar die „Tannhäuser“-Szene aufmischte und in der Pause unten im Park eine hinreißende Performance abzog, als über Skandale im Familienclan. Katharina Wagner, Wolfgangs Tochter aus zweiter Ehe, herrscht, so scheint es, unangefochten.

Das Publikum ist in jeder Hinsicht bunt gemischt, keineswegs vergreist, und kenntnisreich wie weltweit kein anderes. Natürlich gibt es noch die feinen, an die legendäre Begum erinnernden Ladys, aber einige Herren schrammen hart an der Badekleidung vorbei. Die berüchtigten Bayreuthianer, die sich an jedes uralte Kostümdetail klammerten, sterben langsam aus. Man will einen Event erleben und sich amüsieren. Auf dem Grünen Hügel weht die Fahne des Zeitgeistes. Und der ist weiblich, jung und humorvoll.

Frauen haben in Bayreuth schon immer eine große Rolle gespielt: die Witwen Cosima und Winifred, dazu Ehefrauen im Hintergrund. Nach der Ära von Wieland und vor allem Wolfgang kam die Stunde der Töchter Eva und Katharina. Seit 2015 regiert Wagners Urenkelin Katharina allein. Auf der Bühne sieht es anders aus: Cosima und Katharina haben inszeniert, ansonsten nur Männer und nach dem Tod Wielands viele fremde Regisseure. Dirigentinnen und Chorleiterinnen gab es bisher nicht. Das soll sich ändern.

Katharina ist jung, aber nicht jünger als es ihre Großeltern Siegfried und Winifred, ihr Onkel Wieland und Vater Wolfgang waren als sie die Leitung der Festspiele übernahmen. Alle Mitte dreißig. Pierre Boulez und Christian Thielemann waren Anfang vierzig, Philippe Jordan Ende dreißig als sie erstmals hier dirigierten. Und Patrice Chereau inszenierte mit 32 den Jahrhundert-Ring. Wenn also Valentin Schwarz (Regie) und Pietari Inkinen (Dirigent) 2020 den neuen „Ring“ herausbringen, ist das altersmäßig keine Sensation, künstlerisch schon eher.

Entrümpelt wurde die Bühne vor fast siebzig Jahren. Heute kommt die Szene nicht unbedingt aus dem Geist der Musik. Man baut konkrete Räume, packt sie voll mit Biographie und Erblast, umstellt sie mit Videokunst. Jeder Regisseur fühlt sich als Aufklärer; die besten brechen die Aufklärung durch Komik. Freche Komik ist der Gewinn dieser Festspiele.

Vom Zeitgeist unberührt bleibt die Bratwurst in den Pausen; sie verbindet alle, Smoking- und Sandalenträger, männliche vor allem. “Dann sind wieder die Würstchen an der Reihe, wieder ein Bier, wieder die Fanfare, wieder die Andacht, wieder ein Akt – der letzte. Fertig.“ Igor Strawinsky wusste, wovon er sprach. Mit Bratwurst gestärkt, verkraften wir die Absage von Anna Netrebko. Der Zeitgeist ist uns wichtiger.

Intendantenkarussell: Man springt ab, man springt auf

Eine der berühmtesten Karikaturen der Welt erschien im englischen „Punch" 1890 mit dem Titel „Dropping the pilot" - „Der Lotse geht von Bord". Der ehrgeizige junge Kaiser Wilhelm II hatte Otto von Bismarck zum Rücktritt gezwungen. Bismarck war 75 Jahre und hatte 19 Jahre als Reichskanzler regiert. Das Ausland war beunruhigt; berechtigterweise, wie sich später erwies, denn Wilhelm II führte Deutschland in die Katastrophe des 1. Weltkrieges. Diese Karikatur wurde zum geflügelten Wort für Führungswechsel vor allem in der Politik, aber nicht nur dort. Selten sind die Wechsel geräuschlos, meist findet ein mediales Getöse statt, wenn die Macht eines „Führers" groß ist wie in Politik, Wirtschaft, Fußball. Und in der Kultur, wenn Intendanten im Theater oder Rundfunk wechseln?

Ein undramatischer Wechsel wie in diesen Tagen in Baden-Baden ist nicht die Regel. Andreas Mölich-Zebhauser hat 21 Jahre das Festspielhaus als Intendant „regiert" und trat, wie vertraglich vereinbart, mit 67 Jahren ab, geleitet von Lob- und Dankesworten. Der Abschied von Brigitte Keil als Karlsruher Ballettchefin (dem Intendanten untergeordnet) war zwar noch glanzvoller, aber es rumorte gewaltig in den Kulissen, warum man ihren Vertrag nicht verlängert habe. Trist und harsch war der Abschied von Chris Dercon als Intendant der Berliner Volksbühne. Kritiker wie Theaterleute hatten ihn mürbe gemacht; er wolle aus einem renommierten Sprechtheater eine Performancebude machen. Nach nur neun Monaten wurde er im vorigen Jahr „einvernehmlich“ entlassen, was für den Steuerzahler sicher nicht billig war. Kürzer geht es kaum, emotionaler schon.

Denn wenn über die Leitung der Bayreuther Festspiele mit ihren politischen und familiären Abgründen diskutiert wird, werden wir, ähnlich wie im Fußball, zu einem Volk von Experten, das jede Streitkultur auf dem Hausaltar eigener Gewissheiten opfert. Häufiger kann man dieses Phänomen in Österreich beobachten, besonders in Wien. Dort ist jeder Wechsel an der Spitze der Staatsoper und des Burgtheaters eine politische „Causa“, über die so leidenschaftlich diskutiert und gestritten wird, als gelte es, die letzten Fragen der Menschheit zu beantworten, zumindest ein neues Staatsoberhaupt zu wählen.

Viel Lärm um nichts? Ein Theaterintendant ist ein Angestellter, früher des Hofes, heute des Landes, der Stadt oder in seltenen Fällen auch einer privaten Organisation. An großen Häusern verdient er mehr als die Bundeskanzlerin. In der Regel wird er für fünf Jahre gewählt, Verlängerungen sind möglich, aber nicht sicher. Kommissionen schlagen ihn vor, Gremien wählen, entlassen ihn. Er soll den Ruhm seiner Stadt mehren, für schwarze Zahlen, volles Haus und Kritikerlob sorgen. Im Herzen ein Künstler, im Kopf ein Kämmerer. Der Künstler als Intendant bringt oft Glanz in ein Haus, neigt aber dazu, sich selbst (bisweilen auch seine Familie) zu inszenieren und den Etat zu überziehen; der Manager kämpft fast immer mit dem Feuilleton. Natürlich gibt es Ausnahmen und Sonderfälle: Der Vertrag von Alexander Pereira als Intendant der Mailänder Scala wurde nicht verlängert, weil er zu viel Geld von den Saudis heranschaffen wollte. Da war der italienische Stolz größer als das Defizit. Sein designierter Nachfolger Dominique Meyer meinte lapidar: Kein großes Opernhaus ist ein Spaziergang. Er muss es wissen. Er ist derzeit Chef der Wiener Staatsoper; ähnelt also einem Reichskanzler.

Vielleicht wird alles besser, wenn Frauen diese Männerdomäne erobern. Dann könnte man bei einem Führungswechsel sagen: „Die Lotsin geht von Bord". In der Politik gehen Lotsinnen zunächst mal an Bord. Dazu gab es statt einer Karikatur das schöne Geburtstagsfoto: Angela selbdritt. Aber von-Bord-Gehen werden auch sie, irgendwann.

DRUCKSACHE 16/6411 - VIEL LÄRM UM NICHTS?

Was im „Tatort" gilt, gilt auch in der Politik. Man fragt nach dem Motiv des Täters. Was ist also das Motiv der AfD für ihre kleine Anfrage „Staatsangehörigkeit und Ausbildungsorte der Künstler in Baden-Württemberg" vom 7. Juni im Landtag? Ist die AfD stolz auf den internationalen Reichtum unserer Kulturszene? Ist sie von tiefer Sorge um die Ausbildung des künstlerischen Nachwuchses bewegt? Oder ist sie nur neugierig, welche Nationen in unserem Ländl vertreten sind? Bei den Stuttgarter Staatstheatern sollen es 50 sein.

Die Anfrage löste, mit Verzögerung, ein gewaltiges mediales Echo aus. Alle sprachen von der Anfrage, nur wenige hatten sie gelesen. Die Drucksache 16/6411 hat sechs Punkte und folgenden Wortlaut: „1. Welche Ballett-Companien mit wie vielen Tänzern gibt es derzeit in Baden-Württemberg? 2. Welche Staatsangehörigkeiten haben die in Baden-Württemberg an staatlichen Theatern beschäftigten Tänzerinnen und Tänzer und wo haben sie ihre Ausbildung erhalten? 3. Welche staatlichen Orchester mit wie vielen Orchestermusikern gibt es derzeit in Baden-Württemberg? 4. Welche Staatsangehörigkeit haben sie und wo haben sie ihre Ausbildung erhalten? 5. Welche Opernstudios mit wie vielen Mitgliedern gibt es derzeit in Baden-Württemberg? 6. Welche Staatsangehörigkeit haben sie und wo haben sie ihre Ausbildung erhalten?“

Man reibt sich die Augen und denkt an das Märchen von Rotkäppchen und dem bösen Wolf. Hat da jemand Kreide gefressen? Denn nüchtern betrachtet, bietet der Text wenig Empörungspotential. Gefragt wird nach den staatlichen Einrichtungen Ballett, Orchester, Opernstudio. Wie viele gibt es, wie sind die Nationalitäten, wie ist die Ausbildung? Hätte eine andere Partei die Anfrage gestellt oder hätte man zum Beispiel nach dem Frauenanteil in den Ballett-Companien, Orchestern und Opernstudios gefragt, niemand hätte sich aufgeregt. Denn natürlich weiß man, dass Ballett besonders international, die deutsche Ausbildung sehr angesehen und gefragt ist, die Orchester von exzellenten Musikern vor allem aus dem asiatischen Raum profitieren. Und man weiß auch, dass der deutsche Nachwuchs nicht immer internationalen Standards genügt, was nicht an den Möglichkeiten der hiesigen Ausbildung liegt.

Aber so harmlos wie der Wortlaut ist der Geist dieses Textes nicht, da er von einer Partei kommt, die zwar in unseren demokratisch gewählten Parlamenten sitzt, aber nicht frei ist von rassistischem Gedankengut. Dadurch bekommt der Begriff „Staatsangehörigkeit" einen üblen Beigeschmack, auf den viele, ohne gleich die deutsche „Erinnerungskultur" zu bemühen, allergisch reagieren. Landesweite Proteste, Kundgebungen. Selbstverständlich muss man den Anfängen wehren, aber man sollte dem Gegner nicht zu viel Ehr' antun, ihm nicht zu viel Publizität verschaffen. Das schlimmste für einen Künstler ist nicht ein Verriss, sondern ihn zu ignorieren. Das lässt sich auf die Politik übertragen.

Das Ulmer Stadttheater (von der Anfrage gar nicht betroffen), fragte die AfD in den Sozialen Medien, wie viele ihrer Mitglieder vorbestraft sind, einen Schulabschluss und eine Ausbildung haben und wo sie diese erworben haben. Ein Stuttgarter Pfarrer stellte seine DNA ins Netz; sie reichte vom Nordkap bis zum Äquator. Das war witzig, selbstbewusst, souverän. David kam auch mit einer Schleuder aus. Kanonen kann man bei großen Anfragen einsetzen.

Schiller! Wie haben wir ihn in der Jugend geliebt, immer leidenschaftlich und feurig. Goethe war Bildung, Schiller war Sturm und Drang. Viele Balladen mussten wir in der Schule auswendig lernen, das war damals so, behielten sie im Gedächtnis und nerven damit bis heute junge Menschen. Die älteren nicken: „Ja, Schiller, das waren noch Zeiten“, als ob sie dabei gewesen wären. Mit vielen Helden haben wir uns identifiziert, mit Karl Moor in den „Räubern“, mit Mortimer in „Maria Stuart“, mit dem Marquis de Posa im „Don Carlos“. Nur die Johanna von Orleans blieb uns fremd. Sie war eine Frau, ein Mädchen. Greta Thunberg kannten wir noch nicht.

Schiller wird heute selten gespielt. Zu viel Text, zu viel Pathos. Nur in Mannheim pflegt man ihn, wie jüngst mit „Maria Stuart“. Das vielgerühmte, vielgescholtene Regietheater verpasst damit viele Möglichkeiten politischer Aktualität. Nehmen wir „Johanna von Orleans“. Eine alte Geschichte, die sich vor 600 Jahren in Frankreich ereignet hat: Ein 13jähriges Mädchen fühlte eine Mission, stellte sich drei Jahre später an die Spitze einer Freiheitsbewegung (damals sagte man: eines Heeres) und befreite das Land von den englischen Eroberern. Wenig später wurde sie 1431 als Ketzerin in Rouen verbrannt. Sie war 19 Jahre jung. Als sich die Machtverhältnisse änderten, wurde sie rehabilitiert und Jahrhunderte später heiliggesprochen (1920).

Für Frankreich ist Jeanne d’Arc eine Nationalheilige, immer noch Symbol für patriotischen, politischen Widerstand. Viele Volksdichtungen entstanden, viele Balladen, Dramen, Opern, Ballette; die Opern von Verdi und Tschaikowski, das Oratorium „Jeanne d'Arc au bûcher" von Arthur Honegger und Paul Claudel. Anatole France schrieb eine viel gelesene Biographie (1908), Bernhard Shaw das leider vergessene Theaterstück „Saint Joan" (1923). Beide Werke sind politisch, interpretieren die Geschichte als Kampf gegen die Reaktion. Auch an Jean Anouilh oder Bertolt Brecht kann man erinnern. Schillers Version (1801) ersetzt den Märtyrertod durch den Verzicht auf das weibliche Glück. Diese romantische Tragödie gehörte einst zu den meist gespielten Stücken in Deutschland.

Schon früh wurde Jeanne d'Arc als Beweis für den Mut eines Weibes, einer 16Jährigen gerühmt, „durchflammt vom Mut der Cherubim", wie Schiller dichtete. Eine historische Gestalt, die ungemein modern wirkt. Man könnte an Greta Thunberg denken. Gleiches Alter, ohne Lobby, beseelt von ihrer Mission für den Klimaschutz zu kämpfen, die Welt vor der Unfähigkeit der Politiker zu retten. Während in Berlin und Brüssel um Posten geschachert und der Klimaschutz vertagt wird, wächst ihre Bewegung „Fridays for Future" machtvoll. Das Poltern am Stammtisch, Kids gehören in die Schule, nicht auf die Straße, oder noch schlimmer, alles sei Geldmacherei, wirkt nur noch lächerlich. Politiker fürchten Wähler, werden hektisch, einige nachdenklich. Sogar Frau Merkel sagte zu Schülern im Naturkundemuseum in Berlin: „Wenn ihr dazu Gedanken hättet, wie wir Politiker arbeiten sollen, dann würde mich das schon interessieren." Wirklich?

Wunderkinder gibt es überall, in der Literatur, Musik, im Sport. Thomas Mann hat das mit köstlicher Ironie in seiner Erzählung „Das Wunderkind" beschrieben. Greta ist kein Wunderkind, sie ist beseelt von ihrer Mission, und viele junge Menschen folgen ihr. Das ist ein neues Ereignis, das zugleich bedrückt und beglückt. Müssen Kinder die neuen, wirklichen Helden sein, weil wir versagt haben? Jeanne d'Arc lässt grüßen. Aber ist ein Land glücklich, das Helden hat? Glücklich sei nur das Land, meint Galilei in dem Theaterstück von Brecht, das Helden nicht nötig hat. Soweit sind wir noch lange nicht.

Der Mitteilungsdrang beherrscht die Welt

Man sah es ja kommen: Von der Kerze ging's zur LED, von der Postkutsche zum E-Auto, vom Gänsekiel zur Email, vom Telegraph zur WhatsApp, vom Stummfilm zum Streaming, vom Aktenarchiv zur Cloud. So sind wir im Zeitalter der sich sozial nennenden, digitalen Medien angekommen und schreiten munter fort, wohin auch immer. Dass Bücher gedruckt werden, Zeitungen täglich, diese Kolumnen immer wieder erscheinen, ist ein Wunder. Denn Schreiben und Lesen sind eigentlich out. Zumindest längere Sachen. 10,6 Millionen Erwachsene in Deutschland können nicht richtig lesen und schreiben, 6.2 Millionen von ihnen einzelne Sätze, aber keine Sinnzusammenhänge entziffern (aktuelle Grundbildungsstudie „Leo 2018 – Leben mit geringer Literalität“). Was aber macht der große Rest, der schreiben, lesen, verstehen kann? Er teilt sich mit.

Der Mitteilungsdrang ist durch die sozialen Medien gewaltig gewachsen. Das gilt für alle, nicht nur für Politiker, Sportler, Künstler und sogenannte Prominente. Jeder glaubt, etwas mitteilen zu müssen. Die Grundannahme der sozialen Medien bestehe darin, schreibt Jonathan Franzen in seinem neuen Buch „Das Ende vom Ende der Welt“, dass noch „das winzigste subjektive Mikronarrativ“ es wert sei, mit anderen geteilt zu werden. Was früher ein verschwiegenes Tagebuch war, ist heute ein Blog mit möglichst vielen Followern. Jeder schreibt allwissend, erhebt seine Sicht der Dinge zur Wahrheit. In dieser Form wird heute wahrscheinlich mehr geschrieben und gelesen als in früheren Zeiten, denn es geht schnell und kurz.

Schnell und bequem ist die Technik: Zwei Daumen huschen über die Tastatur, schreiben, senden, empfangen, nichts dazwischen. Oder man erspart sich das Schreiben, diktiert und sendet als Text- oder Sprachnachricht. Niemand widerspricht, niemand unterbricht. Sich kurz zu fassen, ist zumindest dann eine Kunst, wenn man etwas zu sagen hat. In Shakespeares „Hamlet“ bringt es der königliche Ratgeber Polonius auf den Punkt: „Weil Kürze denn des Witzes Seele ist, Weitschweifigkeit der Leib und äußre Zierrat, Fass‘ ich mich kurz: Eu’r edler Sohn ist toll“(II/2). In der Kürze liegt also die Würze und in diesem Fall eine fatale Botschaft.

Auch Winston Churchill wusste um die Kunst, sich kurz zu fassen. Mit einem Verleger hatte er für ein Vorwort zu einem historischen Standartwerk Umfang, Honorar und Abgabetermin vereinbart. Wenig später erfuhr er, der Text solle nur halb so lang sein wie vereinbart. Churchill verdoppelte sowohl die Honorarforderung wie die Abgabefrist.

Die Steigerung von kurz ist das Bild. Warum überhaupt Text- oder Sprachnachrichten, wenn ein Bild mehr sagt als 1000 Worte? Für junge Menschen sind E-Mails und Tweets alte Hüte. Vielleicht sollte Donald Trump mit langer, breiter Krawatte von Twitter zu Instagram wechseln. In diesem Bildmedium gibt es weltweit mehr als eine Milliarde aktive Nutzer, die täglich 60 Millionen Beiträge hochladen. Mit Bildern informiert man immer noch Analphabeten. Schon die ehrwürdigen Fresken hatten diese Aufgabe. Später waren Bilder Schmuck für die Reichen, Andacht für die Armen, Idylle als Dia-Abend mit Salzletten und Süßwein; schließlich bewegten sie sich immer rasanter und drangen mit der Handy-Kamera in jede Ritze unseres Lebens ein. Alles ist zu einem Selfie geworden, muss auf WhatsApp, Youtube, Instagram mitgeteilt werden. Besonders beliebt sind die „foodporns“: Stolz präsentiert man seinen Teller wie ein Pornostar seinen Körper.

Die Medien sind wie sie sind, dienen der Information, Aufklärung, Transparenz oder der Hetze. Sie beeinflussen Flüchtlingsströme, Bürgerproteste, Wahlen. Bilder werden wichtiger als Texte. Wäre ich auf der Höhe der Zeit, bestünde diese Kolumne aus Bildern.

Musik ist eine Himmelsmacht

Vom Himmel kommt Segen und Regen, aber manchmal auch Sturm und Unwetter. Das relativiert ein wenig das Liedchen der Nachtigall im „Zigeunerbaron“, die Liebe sei eine Himmelsmacht. Auch die Musik wird gerne als Himmelsmacht beschrieben mit bekannten, aber auch unbekannten Wirkungen. Vor wenigen Tagen brachten mir Freunde, unabhängig voneinander, eine Flasche Wein aus Apulien und einen Käse aus dem Emmental mit. Das sind nützliche, aber nicht besonders originelle Gastgeschenke. Die Freunde legten nach: Wein und Käse seien musikbeschallt. Ich schaute ungläubig, lachte, spottete, wurde neugierig. Eine lebhafte Diskussion entstand.

Viele Ärzte, Zahnärzte, Therapeuten, Wissenschaftler, Pädagogen, und vor allem Patienten sind von der Wirksamkeit der Musik überzeugt. Als eigenständige Therapieform hat sich die Musiktherapie etabliert, die vor allem in der Psychosomatik eingesetzt wird. In der Schwangerschaft profitieren Mutter wie Kind von sanfter Klassik; in der Intelligenzforschung wogt seit 1993 der Streit um den sogenannten Mozart-Effekt hin und her; in der Pädagogik gibt es viele Studien, die nachweisen, wie Musikunterricht die Sozialkompetenz der Schüler steigert; auch in der Gerontologie ist man sich sicher: Singen und Tanzen hält fit. In der Chirurgie schließlich hat Musik mehr als die Hälfte aller Operationsräume erobert. Zwar ist es oft schwierig, die Vorlieben von Operateur, Schwestern und Patient abzustimmen, aber wenn man sich auf Bach, Mozart oder zur Not auch auf Helen

Fischer geeinigt hat, sind die positiven Wirkungen unumstritten. Vor ein paar Jahren schrieb „The Lancet“, dies Journal genießt in der Medizin die größte Autorität, dass Schmerzen und Angstzustände von Patienten signifikant geringer sind, wenn sie musikbegleitend operiert wurden. In Offenburg führte ein angesehener Chefarzt das Skalpell besonders souverän bei Mozarts Flötenkonzerten – den jungen Schwestern und Assistenzärzten nicht immer zum Vergnügen, den Patienten aber zum Heil.

Was dem Menschen hilft, nützt auch dem Vieh. Studien der Universität Leicester belegen, dass Beethovens „Pastorale“ Kühe beruhigt und zufriedenstellt, so dass sie 3% mehr Milch geben. Auch die Rennleistung edler Pferde wird durch klassische Musik und Countrymusik deutlich gesteigert; das haben sogar drei internationale Studien in Polen, England und Australien erforscht. Immer gilt: Stressabbau durch Musik steigert Leistung und Qualität; auch Schweinezüchter schwören darauf.

Nun holt die Landwirtschaft auf. In der Schweiz hat man 6,5 Monate lang acht Laibe Emmentaler in Reifeboxen aus Holz mit unterschiedlicher Musik beschallt und das Experiment von zwei Hochschulinstituten aus Bern und Zürich überwachen lassen: Der beschallte Käse war im Vergleich zur unbeschallten Referenzprobe generell milder im Geschmack. Hip Hop speziell machte den Käse im Geruch wie im Geschmack fruchtiger. Sind die Bakterien musikanfällig?

Im fernen Apulien gibt der Winzer Pierfranco Semeraro, selbst ein angesehener Chordirigent in Italien, seinen Weinfässern mit Mozart „eine Art Massage" - so nennt er es. Mehrere Monate drei Stunden täglich und die Weine mit den schönen Namen Cantus, Opera, Notturno, Brioso, Cantabile, Canzone werden „equilibrata e perfetta" (ausgewogen und perfekt), besser als nach langer Lagerung in Eichenfässern. Alles ein PR-Gag oder echte Qualitätssteigerung? Theodor Fontane würde sagen: ein weites Feld. Ja die Felder, die Raps-, Mais-, Kornfelder warten noch auf Beschallungen; es muss ja nicht „Ein Bett im Kornfeld sein". Lärmschutzwände sollte man allerdings einplanen.

Von Verdi stammt das Wort: Jede Musik hat ihren Himmel - so steht es auf Trinkbechern und Frühstückbrettchen. Vermutlich hat auch jeder Himmel, und alles was darunter ist, seine Musik.

Haben die Theaterleute Angst vor den Dichtern?

Jedes Jahr findet in Berlin eine Art Theaterkrönung statt. Eine fleißige Jury besucht mehr als 400 Inszenierungen, wägt, gewichtet und lädt schließlich zehn Inszenierungen ein, die sie für die besten, die interessantesten hält. Als ich die Auswahl las, rieb ich mir die Augen: Kein Goethe, Schiller, Kleist, Hauptmann, Brecht, keiner der Helden, die unser Leben begleitet, bereichert haben. Nicht einmal ein Shakespeare. Das Theater scheint ohne die klassischen Theaterautoren auszukommen. Sind all diese Texte verstaubt, langweilig? Muss man sie radikal umschreiben oder, noch besser, sie nur als Steinbruch für eigene Originalität ausschlachten? Originell um fast jeden Preis, das bringt Schlagzeilen und Geld, da man mit neuen Stücken neue Urheberrechte generieren kann. Aber ein Schelm, wer Künstlern materielle Absichten unterstellt. In der Berliner Auswahl jedenfalls gibt es keine klassische Schauspielinszenierung, nur viele bunte „Projekte“. Theaterkunst ist eine Projektkunst geworden.

Natürlich kann das interessant sein: Peter Licht tilgt Molière aus Molières „Tartuffe“; Simon Stone verwurstelt im „Hotel Strindberg“ fast fünf Stunden lang Biographie und Werk des Schweden; Christopher Rüping marschiert in „Dionysos Stadt“ gar zehn Stunden lang durch die Antike und diverse Texte; Ersan Mondtag macht „Das Internat“ zu einer Multimedia-Hölle; Thom Luz peppt Textgemurmel und sanfte Musik mit einer brillanten Nebel-Show auf und das Performance-Kollektiv She She Pop präsentiert „Oratorium“ als Bühnenshow. Drei Theaterleute bedienen sich der Romane von Agota Kristóf, David Foster Wallace und Dostojewski, einer des Films „Persona“ von Ingmar Bergman. So werden in vielfältiger Form Molière, Strindberg, Homer, Dostojewski, Bergman und andere ausgebeutet, um neue Projekte zu realisieren.

Das Theater scheint also, der eigenen Literatur zu misstrauen und wirft sich stattdessen in die Arme des Romans, des Films, der Videokunst, des Multimediaspektakels. Fremdgehen kann verführerisch, aber auch riskant sein. Medien lassen sich nicht so einfach transferieren. Das Fernsehen ist nach leidvollen Erfahrungen mit

Theater- und Literaturadaptionen zu der Erkenntnis gekommen, dass nur Originalstücke wirklich erfolgreich sind. Im Theater sind Roman- und Filmadaptionen bestenfalls interessant. Große Gefühle, breit erzählt, können auf der Bühne schnell verdorren, selbst wenn die Aufführung sechs Stunden dauert. Nur das Kino hat mit Romanvorlagen Welterfolge wie „Vom Winde verweht" oder „Doktor Schiwago" gefeiert. Diese große Leinwand sucht das Theater, findet sie aber nicht. Dass das Theater als „Schau"-Spiel alle modernen optischen Medien einsetzt, ist gut; dass es dem Multimediaspektakel ziemlich radikal die eigenen Texte opfert, ist bedauerlich.

Der letzte prominente Ritter der Texttreue ist Dieter Dorn. In seiner Inszenierung des „Endspiels" von Samuel Beckett in Salzburg und Wien sah und hörte man, wie Sprache und Gedanken entstehen und wirken können. Hin und wieder soll es auch in der viel gescholtenen Provinz Regisseure und Regisseurinnen geben, die Respekt vor den Dichtern haben und das durch das Fernsehen besonders schmutzig gewordene Sprechen bekämpfen. Klare Kante für klares Sprechen. Eine prominente Gelegenheit steht vor der Tür: Goethes „Faust" 1. Teil, am 24. Mai vor 200 Jahren in Berlin uraufgeführt. Ran an den Text. Es muss ja nicht Gustav Gründgens sein, Jürgen Holtz kann das auch. Meinetwegen auch nackt. Text und Mann (wie im „Galilei" von Frank Castorf).

Nachsatz: Die Jury bestand aus vier Frauen und drei Männern. Sie wählten Projekte von acht Regisseuren und zwei Regisseurinnen. Das soll sich ändern. Für die nächsten beiden Jahre ist eine Frauenquote von 50% vorgeschrieben. So gut, so problematisch.

KOMÖDIANTEN - DIENER DES VOLKES

Schade, dass Donald Trump so viel Zeit mit Tweets und Wolodimir Selenski mit seiner TV-Serie „Diener des Volkes“ verbringt. Vor ihrem ersten Kollegenkuss im Weißen Haus sollten sie Helmut Qualtinger lesen. Der Titel des Textes „Der Menschheit Würde ist in Eure Hand gegeben“ gefällt ihnen sicher, und die Antwort auch, die in diesem Text ein Schauspieler dem anderen auf die Frage gibt, wie er die Rolle des 4. Zwerges anlege: „Hintergründig“. Passt für jeden Politiker, wenn es vordergründig nicht weitergeht.

Die Wechselbeziehung zwischen Theater und Politik ist uralt, beginnt mit dem römischen Kaiser Nero, der sich als Sänger und Mime gewaltsam feiern ließ, und hört mit Ronald Reagan nicht auf, dessen unzählige B-Movies wie „Der Dollarregen“, „Hongkong“ oder „Die Höllenhunde“ vergessen sind, nicht aber sein weltberühmter Satz als Präsident der USA am Brandenburger Tor 1987: „Mr. Gorbachev, tear down this wall!” Womit Schiller mal wieder recht hat: „Dem Mimen flicht die Nachwelt keine Kränze“. Doch Arnold Schwarzenegger widerlegte ihn. Wie Reagan war er acht Jahre Gouverneur in Kalifornien. Präsident konnte er als Österreicher nicht werden, aber als „Terminator“ und Held vieler Actionfilme wird er in Erinnerung bleiben. Die Hoffnung, dass es bei Donald Trump ähnlich sein möge, ist gering. Er machte im Film und TV in vielen sehr, sehr kurzen „Cameo"-Auftritten Werbung für sich selbst, war als Produzent und Moderator seiner TV Show „The Apprentice" sehr erfolgreich und bekam so im Walk of Fame in Hollywood einen schon mehrfach beschädigten Stern. Sein bisher berühmtester Satz ist: „You're fired". Reality Show und Politik sind nicht mehr zu unterscheiden.

Während der Pornostar Cicciolina eine weltweit beachtete Episode im italienischen Parlament blieb, hat der populäre TV-Komiker Beppe Grillo mit frechen Angriffen auf das Establishment und Witzen weit unter der Gürtellinie anhaltenden Einfluss auf die italienische Politik. Ohne ihn und seine Partei „5 Stelle" geht nichts mehr. Und nun hat die Ukraine mit 73% der Stimmen einen Komödianten zum Präsidenten gewählt. Was haben sich 15,3 Millionen Menschen dabei gedacht? Selenski lieben sie seit 2015 als den Lehrer Goloborodko, der in der TV-Serie „Diener des Volkes" zufällig zum Präsidenten wird; ein fröhlicher, schlagfertiger Mann, der Fahrrad fährt, volksnah und nicht verfilzt ist. Den braucht das Land. Ein Votum des Herzens, nicht des Verstandes. Vor Putin will Selenski niederknien, um die Ostukraine zu befrieden. Auf starke Gesten verstehen sich Schauspieler. Sie werden nicht ausreichen, wenn die Hoffnung der Wähler auf einen unbelasteten Neubeginn schwindet.

In Guatemala und auf den Philippinen wurden ebenfalls Komödianten zu Präsidenten gewählt, in Pakistan, Albanien und Liberia waren es Sporthelden. Shirley

Temple und Melina Mercuri machten zumindest respektable Karrieren in der Politik.

In Deutschland ist Politik humorlos, eine ernste Angelegenheit für Juristen, Lehrer, Beamte, Berufspolitiker. Eine Physikerin, aber keine Komödianten. Ein Tatort-Kommissar scheiterte kläglich. Bei Show-Einlagen, etwa von „KT“ oder „AKK“, hörte der Spaß auf. Man stelle sich vor, ein durch alle Medien berühmt gewordener Humorist, ausgewiesen durch viele politische Sendungen, makelloses Auftreten ohne breite, rote Krawatte über den Bauchnabel hinab, ohne familiäre und finanzielle Skandale, gescheit und witzig zugleich hätte sich zur Präsidentenwahl gestellt - hätte die Bundesversammlung Loriot gewählt? Kaum. Bessere Chancen hätte ein anderer, ruhmreicher Perfektionist bei unseren Nachbarn: Roger Federer for President - 9,4 Millionen der 8,4 Millionen Schweizer wären begeistert und viele Deutsche auch. The show must go on – auf welcher Bühne auch immer.

Die hohe Kunst des Klatschens

Wenn ein Ehemann mal wieder mit seinen klugen Ansichten zum Lauf der Welt an seiner Ehefrau scheitert, hat er vier Möglichkeiten: Zorn, Resignation, Stammtisch oder Rent-A-Fan. Zorn und Resignation sind eine familiäre Klimakatastrophe. Stammtisch kann die Leber schädigen. Die beste Wahl ist Rent-A-Fan. Warum nicht? Wir sind eine Dienstleistungsgesellschaft, mieten und leasen alles Mögliche, und auch Theresa May hätte sich das Leben mit einer großen Claque leichter gemacht.

Claqueure, die bezahlten Klatscher in den Theatern, organisierten sich seit 1820 in Paris als „Assurance des succès dramatique". Eine Serviceleistung, die Erfolg versprach. Dem Anlass und Geldbeutel entsprechend, buchte man wenige oder hunderte von Claqueuren und wählte Spezialisten: der „Chauffeur" heizte die Neugierde auf der Straße und in Cafés an, der „Rieur" brachte das Publikum zum Lachen, der „Pleureur" zum Weinen, der „Chatouilleur" verteilte Bonbons und Schnupftabak, der „Connaisseur" kluge Kommentare und der „Bisseur" war für die Da capo-Rufe zuständig. Diese Claques breiteten sich in Europa und Amerika aus, unterhaltsam und aggressiv zugleich, so dass sie Anfang des 20. Jahrhunderts als „Unwesen" galten und langsam verschwanden. Heute gibt es sie wieder. „Rent-A-Fan" ist mit 13000 Mitgliedern die größte Agentur in Deutschland. Man kann sie mieten fürs Anfeuern bei Popkonzerten, Filmdrehs, Politikveranstaltungen. „Jubelperser" nannte man das früher. 15-20 Euro gibt es pro Stunde. Im Fernsehen, dort ist der Bedarf bei Talkshows besonders groß, rechnet man erfolgreich mit der Neugierde und Eitelkeit der Menschen und spart sich das Geld.

Im heutigen Konzertbetrieb aber wären die alten „Chevaliers de lustre", so nannte man in Paris die Claqueure, weil sie oft unterm Kronleuchter saßen, brotlos. Ruhe ist die erste Zuhörer-Pflicht. In der Pädagogik nennt man dies Frontalunterricht, in der Soziologie Bevormundung, auf die wir oft gereizt reagieren. Nur im Konzert lassen wir uns alles gefallen. „Bin ich normal, wenn ich mich im Konzert langweile?“, fragt Christiane Tewinckel in ihrem amüsant-klugen Buch.

Also gibt es ein strenges Klatsch-Reglement: Zu Beginn höflicher, am Ende begeisterter Beifall, der für den Veranstalter und die Künstler enorme Bedeutung hat. Standing Ovations sind, wie die TV- Quote, ein sicheres Indiz für den finanziellen und künstlerischen Erfolg. Mit ihnen feiert das Publikum sich selbst und verzeiht den Musikern alles. Mal ist der Beifall kurz und heftig wie in New York, mal heftig und lang wie in Bayreuth; dort kann er eine knappe Stunde dauern. Immer noch wird er von einzelnen Claqueuren angeheizt, die unmittelbar nach dem letzten Ton scheinbar spontan und laut das erste Bravo rufen und später viele Zugaben fordern. Aber die Macht ihrer Vorgänger haben sie nicht mehr; meist gibt es nur Freikarten.

Klatschen während der Aufführung ist nur bei Belcanto-Arien erlaubt, nicht nach gelungenen Ensembles oder Sätzen, wie das noch zu Zeiten Mozarts üblich war. Wenn ich zum Beispiel die „Pathétique“ von Tschaikowsky zum ersten Mal höre und nicht Musik studiert oder das Programmheft gelesen habe, möchte ich nach dem furiosen Orchesterglanz des 3. Satzes begeistert klatschen – und werde böse Blicke und Zischen meiner Nachbarn ernten. Denn es gibt, ganz ungewöhnlich, ein im Nichts versinkendes, sehr leises Finale, das erst dann endet, wenn der Dirigent seine ausgebreiteten Arme sinken lässt. Erst dann darf ich klatschen.

Im Leben wie in der Kunst sehnt man sich nach spontanem, ehrlichem Beifall. Fehlt er, so kann man geschickt nachhelfen. Besonders sensibel sollte das in der Ehe geschehen.

Die große Stille in unserem Konzertbetrieb

Die Erkältungssaison, an der Apotheker und Ärzte gut verdienen, nimmt keine Rücksicht auf die Konzertsaison. Aber langsam geht sie zu Ende. Das freut die niesende und hustende Menschheit und besonders viele Künstler. Während einer richtigen Grippezeit, die glücklicherweise nur jedes zweite Jahr Saison hat, unterbrach einmal der Pianist Alfred Brendel sein Rezital mit den Worten: „Ich kann Sie hören, Sie mich aber nicht." So geistreich-witzig war vor kurzem der ansonsten smarte Tenor Jonas Kaufmann nicht. Seinen Ärger über das unruhige Publikum in der Hamburger Elbphilharmonie tobte er erst in der Garderobe aus und am nächsten Tag drohte er, nie wieder zu kommen.

In unseren Konzerten soll es still sein, ja totenstill, wie böswillige Menschen lästern. Dafür gibt es feste Regeln, nützliche und problematische. „Aus gegebenem Anlass" zitierte die Elbphilharmonie den legendären Klezmer-Klarinettisten Giora Feldman mit den Worten: „Musik beginnt nicht mit dem ersten Ton, sondern mit der Stille davor. Und sie endet nicht mit dem letzten Ton, sondern mit dem Klang der Stille danach." Man wird Feldman zustimmen, wenn man zum Beispiel an den geheimnisvollen Beginn von Wagners „Rheingold" denkt, an den fast unhörbaren Es Dur-Akkord, der nicht nur aus der Tiefe des Orchestergrabens aufsteigt, sondern zuvor aus der absoluten Stille des Publikums; oder wenn einen die Erschütterung nach Bachs „Passionen" oder Mahlers „Auferstehungssinfonie" stumm macht. Doch das gilt nicht bei einem schmissigen Belcanto-Abend oder Neujahrskonzert.

Stille als Rahmen für die Musik, Stille während der Aufführung. Die größten Störenfriede sind Handys und Erkältungskrankheiten. Noch müssen Handys nicht, wie in sehr feinen Restaurants, an der Garderobe abgegeben werden, doch sie sind aus rechtlichen und akustischen Gründen auszuschalten. Das wird streng und mehrsprachig gefordert. In der Merkin Concert Hall in New York ist man noch witziger als Brendel: „If your phone rings during the concert, you will be required to go on stage and play the basson." Ob man damit Fagottisten (basson) entdecken will? Gegen Erkältungen verordnen einige Konzerthäuser Hustenbonbons, die es an der Garderobe gratis gibt, dazu Textilien, die den Husten dämpfen; sie empfehlen auch, auf laute Stellen zu warten, um sich zu erleichtern oder gleich die Eintrittskarte zu verschenken; einem Gesunden vermutlich. Nachzügler werden gar nicht oder nur in Pausen eingelassen, Essen und Trinken sind verpönt, es sei denn, man ist in der Arena von Verona. Aufstehen und Rausgehen geht gar nicht; da glimmt nur die Hoffnung auf eine Pause; ansonsten: Ausharren bis zum Ende. Die sprichwörtlich gewordene Mahnung von Graf Schulenburg nach der verlorenen Schlacht bei Jena und Auerstädt gilt auch für Konzertbesucher: Die erste Bürgerpflicht ist Ruhe.

Bis zu Beginn des 19. Jahrhunderts war das Konzert-Reglement ähnlich locker wie in heutigen Pop- und Jazzkonzerten: Kommen und Gehen, Essen und Trinken, Jubeln und Pfeifen. Auch in Gospel-Gottesdiensten geht die Post ab und in der Kirche darf zumindest mitgesungen und mitgebetet werden. Das Klassikpublikum aber soll während der Aufführung passiv und ruhig sein mit Rücksicht auf Künstler und Nachbarn. Der Preis für diese Rücksichtnahme ist hoch: Spontanität und Emotionalität verkümmern. Alles ist steif. Nur selten kann man sich, wie bei den berühmten Proms in London, bewegen, gehen, liegen, sitzen. Vor 50 Jahren forderte Pierre Boulez, die Rituale der Konzerte zu ändern, um dem Publikum mehr Freiheiten zu geben. Aber er wusste natürlich auch, dass der Spagat zwischen Rücksichtnahme und Emotionalität schwierig ist – wie im richtigen Leben.

Im Buckingham Palace sind noch Zimmer frei

Vor einigen Wochen hat die Royal Mail, die zuverlässiger sein soll als die Deutsche Post, was allerdings kein wirklicher Gradmesser wäre, im Buckingham Palace in London einen dicken Brief von Benedikt Hartl zugestellt. Den Inhalt dieses Briefes kennen viele Menschen, die in München, Berlin, Freiburg und anderen deutschen Städten in Mietwohnungen leben; er droht die Kündigung wegen Umbaus der Immobilie an.

Herr Hartl ist ein junger Architekt (32). Er will die 775 Zimmer im Buckingham Palace in Sozialwohnungen umbauen; da sei, meint er, Platz für 50 000 Menschen. Bezahlbarer Wohnraum ist in London ebenso eine Mangelware wie in deutschen Groß- und feinen Kleinstädten. Ein „affordable", ein erschwinglicher Palace könnte diesen Mangel lindern. Für diese Idee hat Hartl einen Anerkennungspreis bekommen, die Zustimmung der Königin bisher nicht. Aber er kann zuversichtlich sein. Elisabeth ist nicht nur eine „Souveräne Leserin" (wie sie Alan Bennett in seinem wunderbaren Buch beschrieben hat), sondern auch dank Homöopathie und täglicher Einnahme von „Queen Mom's Cocktail" beneidenswert rüstig und nachsichtig, sogar mit dem Theater im eigenen Unterhaus. Sie kann nichts mehr erschüttern und im Zweifelsfall vertraut sie Henry the dog, denn Larry the cat, berühmt geworden durch die sozialen Netzwerke, ist mit den Untertanen in 10 Downing Street voll beschäftigt.

Natürlich kann man Hartl als Spinner und seine Idee als verrückt abtun. Humorlose Britten nannten es eine Majestätsbeleidigung, und Helmut Schmidt, der jeden Politiker mit Visionen zum Arzt schicken wollte, hätte den Brief mit einer Zigarette angezündet. In Schule, Universität und Beruf werden wir heute auf Nutzen und Machbarkeit von Ideen getrimmt. Dieses pragmatische Denken und Handeln lässt wenig Raum für Kreativität. Psychologen der Havard University haben in großen

Studien nachgewiesen, dass Kopfwirrnis, Gedankenwanderungen, Abschweifungen die Muskeln des Gehirns trainieren und zur intuitiven Lösung von Problemen führen können, und zwar besonders dann, wenn man zuvor an diesen gescheitert ist. Loslassen und dann kreativ und radikal denken. Das gilt eben auch für die Wohnungsnot in unseren Städten.

Im Wohnungsbau gilt Verdichtung als Zauberformel; ein uralter Hut, in New York zu besichtigen. In den Wolken wohnt die Freiheit auf immer kleiner werdendem Raum; 5qm-Appartements gibt es in New York, Hongkong, Paris und München. Man kann auch Wohnungen auf Einkaufszentren und Parkgaragen draufsetzen. Nachverdichtung nennt das die TU Darmstadt. 2,7 Millionen Wohnungen seien so möglich, ohne spekulative Ausbeutung von Grund und Boden. Die eigene Wohnung kann man teilen, vermieten und Hotelneubauten sparen. So wurde Airbnb für die einen zum Reizwort, für die anderen zu einem guten Geschäft. Nun haben Startups den „Shared Square" entdeckt. Die Idee des geteilten Raums gefällt der Bauwirtschaft nicht, da man auf viele Neu- und Umbauten verzichten könnte. Die Formel lautet: Zwischen- und Doppelnutzung. Büroräume sind, grob gerechnet, jährlich nur an 1760 Stunden belegt, an 7000 Stunden stehen sie leer, Tendenz steigend auch wegen Homeoffice. Ein gewaltiges Potential vor allem für Kleinunternehmer. Auch in unseren Kulturtempeln, Theatern, Konzerthäusern, Museen, Bibliotheken, wird zwar fleißig geprobt, gespielt, gearbeitet, dennoch ist das Leerzeitenpotential groß. Für Kitas, Cafés, für kreative Gedankenwanderungen ein fruchtbares Terrain, das man am besten auf dem Fahrrad erkundet, auf dem bekanntlich Albert Einstein seine Relativitätstheorie einfiel. Und Hartl könnte abgemildert vorschlagen, Buckingham Palace als „Shared Square“ zu nutzen.

Wer hat Angst vor dem Maestro?

Es gibt eine schöne Anekdote von Hans Knappertsbusch, dem berühmten Wagnerdirigenten mit knorrigem Charakter. Als er mit einer Orchesterprobe überhaupt nicht zufrieden war, knurrte er besonders heftig und brach die Probe mit den Worten ab: „Meine Herren (Frauen gab es damals noch nicht im Orchester), so klingt kein Orchester.“ Am nächsten Tag wollte er gut gelaunt die Probe fortsetzen und gab den Auftakt: Kein Musiker rührte sich. Absolute Stille. Der Konzertmeister erhob sich: „Maestro, so klingt ein Dirigent.“

In der klassischen Musik sind Orchester und Dirigent, von Ausnahmen abgesehen, auf einander angewiesen, sind eine Schicksalsgemeinschaft auf Zeit. Im Orchester sitzen tolle Musiker, aber auch frustrierte, weil es zu einer Solokarriere nicht gereicht hat, und Beamte, die Dienst nach Vorschrift machen und die nächste „Mugge“ anpeilen. Ein interessanter, eigenwilliger „Haufen“. Andererseits vergisst der Dirigent bisweilen, dass er seinen Ruhm und seine Macht wesentlich dem Orchester verdankt. Über das Innenleben dieser schwierigen Beziehung erfährt man meistens wenig. Im Leben wie in der Kunst kracht es immer wieder; das kann belebend oder trennend wirken.

Den jüngsten Beziehungskrach deckte Anfang Februar das Webmagazin für klassische Musik VAN auf. Unter dem Titel „Der Poltergeist“ wurden dem weltweit gefeierten Dirigenten und Pianisten Daniel Barenboim, GMD der Berliner Staatskapelle seit 1992, von zwanzig aktiven und ehemaligen Musikern anonym heftige Vorwürfe gemacht: Er sei so aggressiv, jähzornig, beleidigend, verletzend, dass Musiker unter Bluthochdruck, Schlaflosigkeit, Angstzuständen, Depressionen litten. Heftiger Tobak. Es rauschte gewaltig in den Medien. Vor wenigen Tagen wiederholten Musiker mit vollem Namen diese Vorwürfe im Bayerischen Rundfunk. Barenboim wies die Vorwürfe als gezielte Störung seiner Vertragsverhandlungen mit dem Berliner Senat zurück. Ein Dirigent brauche Autorität, die nicht allen gefallen könne; allerdings sei sein Charakter impulsiv, daran könne man gemeinsam arbeiten. Klingt nach Burgfrieden, erinnert an Metoo. Erlauben Höchstleistungen Übergriffe?

Die Vorwürfe betreffen in keiner Weise die künstlerischen Leistungen Barenboims. Sie sind nicht gerichtsrelevant. Es geht um Charakter und die Frage, wie man künstlerische Höchstleistungen erreicht. Seit Ende des 19. Jahrhunderts, seit Hans von Bülow und Gustav Mahler, gibt es die Stardirigenten. Die meisten waren autoritär wie Herbert von Karajan, wenige einfühlsam wie Simon Rattle. Natürlich darf ein Dirigent kein Softie sein. Er ist verantwortlich für Interpretation, Programm, Solisten; er muss entscheiden. Aber er sollte die

Musiker bei den Proben motivieren, überzeugen, auf Augenhöhe mit ihnen arbeiten. Empathie kann mehr bewirken als Härte. Über diese pädagogischen Fähigkeiten verfügt ein Maestro alten Schlages selten. Er gibt Anweisungen und erwartet Gehorsam; bei den Proben, bei der Aufführung. Meist werden die internen Kräche zugedeckt durch den künstlerischen und finanziellen Erfolg. Der Zweck heiligt die Mittel.

Doch die Zeiten ändern sich. Die Orchester werden immer besser und selbstbewusster und Dirigentinnen wie Simone Young, Barbara Hannigan oder Mirga Grazinytė-Tyla, die immer mehr diese Männerdomäne erobern, verändern das Klima. Die Mythen der autoritären, ja diktatorischen Stardirigenten verblassen. Wie es scheint, ist auch der große Künstler Barenboim, dem das Orchester unendlich viel verdankt, nachdenklich geworden und wird zukünftig den Paukisten nicht mit „die Pauke“ ansprechen, sondern mit seinem bürgerlichen Namen. Das würde den Verbrauch von Betablockern und Antidepressiva drastisch reduzieren.

Ruhe ist die erste Zuhörerpflicht

„Publikumsbeschimpfung“ ist der einprägsame Titel eines Theaterstücks von Peter Handke. Es beginnt mit Regeln für die Schauspieler wie „Die Anfeuerungsrufe und die Schimpfchöre auf den Fußballfeldern anhören“ oder „In dem ersten Beatles-Film Ringo Starrs Lächeln ansehen, in dem Augenblick, da er, nachdem er von den anderen gehänselt worden ist, sich an das Schlagzeug setzt und zu trommeln beginnt“ und endet mit einer Schimpfkanonade, die an Ausdruckskraft, Bösartigkeit und Phantasie nicht zu überbieten ist, so dass man sie, wäre sie nicht vier Seiten lang, vollständig zitieren müsste. Rotzlecker, Schleimscheißer, Totengräber, Natterngezücht, Schrumpfgermanen sind eher harmlose Kostproben.

Wahrscheinlich kennt der deutsche Tenor Jonas Kaufmann weder diese Regeln noch dieses Arsenal der Beschimpfungen. Dennoch wurde sein Konzert mit Gustav Mahlers „Lied von der Erde“ in der Elbphilharmonie Hamburg im Januar ein veritabler Skandal. Die Empörungsschwellen sind besonders niedrig bei Ikonen des deutschen Kulturlebens. Jonas Kaufmann verkörpert unsere Sehnsucht nach dem romantischen (natürlich nicht politischen) Italien; immer Amore, Pasta und barocker Überschwang. Kaufmann ist unsere deutsche Antwort auf Caruso und Pavarotti in einem. Stille Andacht während er singt, begeisterte Ovationen danach oder, wenn es die Musik fordert, beim Da capo; bei Mahler gibt es das nicht. Ruhe ist also die erste Zuhörerpflicht. Auch die heil'gen Hallen der Elphi fordern die geregelte Abfolge von Andacht und Begeisterung. Wer hier auf- und eintreten darf, gehört zum Kreis der Geweihten und muss sich angemessen verhalten. Das kennen wir aus der „Zauberflöte“. Immerhin 1,76 Millionen haben es in zwei Jahren in den Saal geschafft, 8,5 Millionen davor auf die reale Plattform. 866 Millionen Baukosten sind vergessen. Die Elphi wurde zum Wahrzeichen Hamburgs und zu einem lukrativen Touristenmagnet. Einige bösartige Musiker und Kritiker nennen sie eine Eventbude. Das könnte auch mit Neid zu tun haben. Unstrittig aber sind die akustischen Probleme vor allem für Sänger. In einigen Sektoren hört man sie schlecht. Das löst Unruhen aus: Zwischenrufe, Aufstehen, Weglaufen. Das Konzert mit Jonas Kaufmann geriet zu einem Desaster, zu einer Katastrophe, wie sogar die internationale Presse schrieb. Am nächsten Tag empörte sich der Tenor über den Touristenrummel und die schlechte Akustik des Saales und drohte, nicht wiederzukommen. Seine Publikumsbeschimpfung war, gemessen an Handke, harmlos, aber wirkungsvoll. Krisensitzungen mit klarer Schuldzuweisung. Denn egal, ob die Akustik schlecht, das Werk für die Elphi ungeeignet ist, man keine Zeit für Proben und (hinter vorgehaltener Hand) der Tenor nicht seinen stärksten Tag hatte, das Publikum habe still zu sein. Das klassische Stillhalteabkommen eben.

Ein schwieriges Terrain. In der Klassik herrschen seit 150 Jahren Ruhe und Dunkelheit; vorher ging es laut zu: Man kam und ging, aß und trank, redete und klatschte während der Vorstellung. Erst Wagner beschwerte sich über diese Sitten. Soll man die alten Verhältnisse zurückwünschen? Sie könnten die starren Klassikrituale aufbrechen, Hemmschwellen abbauen, Emotionalität und Spontanität fördern, die Jugend begeistern. Das wollen natürlich alle, Intendanten wie Tenöre, aber Unruhe wollen sie nicht. Und so grübelt man über einen „Knigge für Besucher“ nach; mehr davon demnächst an dieser Stelle.

Einen radikalen Vorschlag macht Bertolt Brecht: „Das Volk hat das Vertrauen der Regierung verscherzt. Wäre es da nicht einfacher, die Regierung löste das Volk auf und wählte ein anderes.“ Ersetze Volk und Regierung durch Publikum und Sänger, und das Problem ist gelöst.

Schnee und Brexit.
Ein Januar der angekündigten Katastrophen

Ob jedem Anfang, wie der Dichter schreibt, ein Zauber innewohne, bezweifeln junge Menschen im ersten Lehrjahr ebenso wie jeder von uns, der zu Jahresbeginn unter den Mühen der guten Vorsätze, Wünsche, der gut gemeinten Geschenke und Ratschläge stöhnt. Danken, heucheln, umtauschen, weiterschenken – kann strapaziös sein. Da meine Aversion gegen Ratgeber-Bücher von der Sorte: „Die erste Million in 99 Tagen“ oder „Fit ohne Verzicht“ bekannt ist, lag unterm Baum nur ein Bändchen aus dem Verlag der kompostierbaren Bücher mit dem Titel „Ratgeber der Ratgeber“. Das Buch hat kurze Kapitel wie „Lob der Faulheit“, „Dick und fit“, „Die Kunst der Vergesslichkeit“, „Unordnung und Kreativität“ und empfiehlt im Nachwort: „Vergessen sie alle anderen Ratgeber.“

Frohgemut wandte ich mich dem Wetter zu. In den Bergen schneite es tüchtig. Der Deutsche Wetterdienst nannte den Schneefall ungewöhnlich, aber nicht außergewöhnlich. Wie jedes Jahr war die Jachenau in Bayern eingeschneit, auf der Hornisgrinde mussten Wanderer übernachten, im Allgäu stand ein Hotel einer Lawine im Wege und am Arlberg ignorierten hybride Männer alle Warnungen und kamen um. Nur der Technik zu vertrauen, immer dichter an abgeholzten Berghängen, an aufgeheizten Meeren zu bauen, kann auch bedeuten: „Näher, mein Gott, zu dir". Die Medien riefen den Katastrophenfall aus, was eigentlich den Landräten vorbehalten ist, um den kostenlosen Einsatz der Bundeswehr anzufordern. Aber ARD und ZDF wollten „Brennpunkte" füllen, jeder Sender zwei. Kamerateams eilten in jedes Bergdorf, befragten Touristen, die es eingeschneit beim Fondue gemütlich fanden, Einheimische, die sich solidarisch mit Toilettenpapier aushalfen, Experten, die den Kopf wiegten. Wasser sucht sich eben seinen Weg und Schnee auch. Wenige Tage später gab es ohne mediales Glockengeläut Entwarnung. Die Touristenbüros warben mit idealen Wintersportbedingungen und märchenhaften Landschaften. Die Katastrophenmeldungen waren Schnee von gestern.

Doch Langweile kam nicht auf. Dafür sorgten die Nachfahren von William Shakespeare, als es nun beim lange vor sich hin dümpelnden Brexit im ehrwürdigen Unterhaus in London zur Sache ging. Wahrscheinlich werden englische Politiker wegen ihrer hohen Schauspielkunst gewählt, ihrer Fähigkeit, Florett und Gift treffsicher einzusetzen, den Gegner „face to face" niederzuschreien und mit Blicken zu töten. Nicht Gentlemen, sondern Schauspieler, die ihre Rollen als Patrioten, Retter, Bösewichter, Intriganten, Narren mit großartiger Theatralik und Leidenschaft spielen. In der Hauptrolle Theresa May, verbissen und angriffslustig wie Lady Macbeth.

Szenen mit hohem Unterhaltungswert wie in Shakespeares Globe Theatre. Vom Deutschen Bundestag kann man das nicht sagen.

Schnee von gestern ist der Brexit nicht. Das Mutterland der Demokratie will gesittet oder sittenlos die EU verlassen und 27 Staaten zu Halbwaisen machen. Vielleicht wird dadurch der freie Personen-und Warenverkehr eingeschränkt, wird der deutsche Export ein wenig schwächeln, werden wir englische Disziplin bei den Grenzschlangen lernen müssen – das alles wäre bedauerlich, aber „die größte gesamteuropäische Kulturkatastrophe“, wie Medien orakeln, wäre der Brexit nicht. Die Alltagskultur wie die hohe Kultur leben von den nationalen Eigenarten. Ein bisschen Abschottung schadet nicht. Überall hört man perfekte Orchester, aber die deutschen, wienerischen, böhmischen, russischen, englischen Klangfarben schwinden. Kein Künstler wird als EU-Star gepriesen. Kein Brexit nimmt uns Shakespeare und Agatha Christie, William Turner und Henry Moore, G. F. Händel und die Beatles.; nimmt uns „Dinner for One“. Dieser englische Sketch wurde zu einem deutschen Kulturgut. „The same procedure as every year.“ Ob Mrs. May Miss Sophie kennt: „I think, I'll retire“?

GOLD REGIERT AUCH DIE FUẞBALLWELT

Der französische Fußballer Franck Ribéry ist ein erfolgreicher Mann: In der Gosse aufgewachsen hat er sich zum vielfachen Millionär durchgekämpft, für Skandale gesorgt, die Medien attackiert, für Bayern München Tore geschossen, ein mit Blattgold umhülltes Steak gegessen, damit einen shitstorm in den sogenannten sozialen Medien provoziert und kräftig unter die Gürtellinie zurückgeschlagen, was eine rutschende Angelegenheit sei kann. Dies wiederum hat eine gewaltige, moralinhaltige Empörungswelle ausgelöst, nicht frei von Heuchelei auch seitens des Arbeitgebers. Gelassenheit, Humor: Fehlanzeige.

Die allgemeine Empörungsschwelle ist stark gesunken. Political correctness ist zum Maßstab fast aller Lebensbereiche geworden. Korrekt, angepasst und immer ein wenig langweilig. Polternde Politiker wie Herbert Wehner oder Franz-Josef Strauß werden als Exoten in den Geschichtsbüchern abgeheftet. Auch wenn man an große Klassikstars denkt wie Caruso, Callas, Karajan, Pavarotti, Netrebko, so erinnern wir uns nicht nur an ihre Gesangs- und Dirigierkünste, an ihre Stimmakrobatik in der Todeszone des Gesangs bis zum dreigestrichenen C, sondern auch an Skandale, wildes Liebesleben, horrende Gagen, Hochseejachten, Jetset, Staatsbegräbnisse mit eleganten Kunstfliegern. Von den Orgien der Antike (der wir unsere Kultur verdanken), den römischen Saturnalien oder dem Lotterleben der Kastraten ganz zu schweigen. Krasse Typen, die als Influencer (wie man heute sagt) nur bedingt geeignet sind. Allerdings beflügeln einige den Traum vom Millionär, der als Tellerwäscher anfing. So auch Herr Ribéry. Ihm verdanken wir zusätzlich den Blick auf einen Menschheitsmythos.

Von Phrygien bis Berlin, von König Midas, der für seine Schätze mit Eselsohren bezahlte, bis zu den Dieben der 100 kg schweren „Big Maple Leaf“ aus dem Bode-Museum - Gold beschäftigt alle: Götter, Halbgötter, Alchimisten, Ärzte, Künstler, Dichter, Musiker, Cineasten, Banker, Köche, Fußballer, Gauner. „Goldene Zeitalter“ gab es von der Antike bis zu den Goldenen Zwanziger Jahren. Die Pharaonen sparten nicht am Gold. Ohne Blattgold gäbe es weder die Bilder und Fresken des Mittelalters noch die von Gustav Klimt. Sänger haben Gold in der Kehle, Goethes Lyrik funkelt wie Gold, Filme wie „Goldrausch (Charly Chaplin) und „Goldfinger“ (James Bond) faszinieren. Aber Gold blendet auch und vernichtet Völker. Der Tanz ums Goldene Kalb bekam den Israeliten nicht gut; nachzulesen im 2. Buch Moses. In Wagners „Ring“ und in der Oper „Cardillac“ von Paul Hindemith endet die Gier nach dem Golde tödlich.

Das alles muss ein Fußballer selbstverständlich nicht kennen, wenn er entschlossen zum Steakmesser greift. Deutsche Sterneköche hätten ihm aus Geschmacksgründen vom Blattgold abgeraten, Ärzte möglicherweise nicht. Für die Patienten von Paracelsus war das Aurum Potabile ein Lebenselixier, heute immer noch als Danziger Goldwasser bekannt. In der Rheumatologie galt die Goldspritze lange als Goldstandard. In der Zahnkunde garantierten Goldblomben den Wohlstand dieses Berufstandes (und erinnern an die Barberei der Nazis). Die energetische Wirksamkeit des Aurum Metallicum entfaltet sich, homöopathisch richtig dosiert, vor allem bei Menschen, die an ihren eigenen Erwartungshaltungen scheitern und an Depressionen und

Angst leiden. Damit wären wir bei Ribéry und seiner labilen Vertragssituation bei Bayern München. Blattgold ist also indiziert, allerdings kommt es, wie immer in der Medizin, auf die richtige Dosierung an. Wer aber wirklich Blattgold liebt, sollte nicht Steak essen, sondern den Turm in der Fondazione Prada in Mailand bewundern: den hat Rem Koolhaas komplett mit Blattgold verkleidet.

Jahresrückblick 2018

„Heisszeit" ist das offizielle Wort des Jahres 2018. Man hätte auch Me Too, Seuchenjahr, Rücktritt wählen können – Themen und Ereignisse, die unsere Gesellschaft und Kultur umtrieben. Aus der anfänglichen Me Too-Hysterie ist ein starkes Selbstbewusstsein der Frauen erwachsen. Prominente Männer sind entlassen, aber bisher nicht rechtmäßig verurteilt worden. Bündnisse für Solidarität, Toleranz, Gleichberechtigung haben sich gebildet. Vieles ändert sich. Dann kam das „Seuchenjahr" für den deutschen Fußball, das man, so sprach Trainer Löw unter seinem geföhnten Haarhelm, schnell abhaken müsse. Auch der große Schweiger Özil bot sinisteren Gesprächsstoff. Richtig baden ging man im Sommer. Die einen nannten diese „Heisszeit" tödlich und forderten Subventionen, die anderen entwickelten Glücksgefühle auch im Hinblick auf einen Jahrhundertwein. Nach der Hessenwahl erklärte Angela Merkel - endlich und überraschend zugleich – ihren Rücktritt als Parteivorsitzende; nach achtzehn Jahren, in denen es drei Päpste, zehn SPD-Vorsitzende und vierundzwanzig HSV-Trainer gab. Der Coup gelang: Sie wird bejubelt, ihre Favoritin wird Nachfolgerin, sie bleibt Kanzlerin.

Und sonst? Man zelebrierte den 200. Geburtstage von Karl Marx, den 100. von Lenny Bernstein, den 100. Todestag von Claude Debussy, das 20. Jubiläum des Festspielhauses in Baden-Baden. In Frankfurt steht wieder einmal das „Opernhaus des Jahres". Es krachte gewaltig in der Berliner Volksbühne, im Tanztheater Wuppertal, im Haus der Kunst in München; da flogen und flohen die Chefs. Neue dagegen wurden in den Theatern in München, Stuttgart, Karlsruhe gewählt oder kamen bereits. Vor allem Frauen übernahmen Spitzenpositionen, wie in Karlsruhe (Oper und Ballett), Berlin (Wissenschaftskolleg), Marbach (Deutsches Schiller Archiv). Viele Baumillionen wurden für die Theater in Mannheim, Stuttgart und Karlsruhe berechnet und (teilweise) bewilligt. Erstmals seit 70 Jahren gab es, ausgelöst von Me Too, keinen Nobelpreis für Literatur, wieder ging der deutsche Film auf internationalem Parkett leer aus (nur Fatih Akin gewann mit „Aus dem Nichts" den Golden Globe). Der Musikpreis „Echo" überlebte den antisemitischen Skandal nicht, „Opus Klassik" soll es nun besser machen. „Die Lindenstraße" wird 2020 im 35. Fernsehjahr enden, der Musikkanal „Viva" starb schon nach 25 Jahren. In Berlin und Stuttgart wurden neue Orchesterchefs stürmisch begrüßt: bei den Philharmonikern Kiril Petrenko, beim SWR-Sinfonieorchester Teodor Currentzis.

Gute Nachrichten, schlechte Nachrichten, eine Melange aus Vergessen und Fortwirken. So auch bei den Toten: Die Schriftsteller Philip Roth, V.S. Naipul und Amos Oz werden mit ihren Romanen fortleben, auch Charles Aznavour mit seinen Chansons, Milos Forman mit seinem Film „Amadeus", Stephen Hawking mit Werk und Person. Ob das auch für die Schriftsteller Tom Wolfe und Dieter Wellershoff, für den Komponisten Dieter Schnebel, die Sängerin Montserrat Caballé und den viel zu früh verstorbenen Dirigenten Enoch zu Guttenberg zutrifft?

Stärker als manche Nachricht wirkten Bilder: Auf dem roten Teppich in Cannes 82 Filmfrauen, die „50:50 bis 2020" forderten. Die Trauerfeier für Aretha Franklin, die als Queen of Soul der „soundtrack of our life" war. Die Friedensnobelpreis-Rede der zarten, unbeugsamen Jesidin Nadia Murad. Das Hochzeitsglück von Meghan und Harry in Windsor. Der Fallrückzieher von Cristiano Ronaldo, der in Turin den Ball in 2,21 Meter Höhe traf und mit 81km/h ins Tor donnerte; da ging es zu, als ob Pavarotti selig „O sole mio" geschmachtet und geschmettert hätte. Oder wie Angela Merkel ihre Rede schloss: „Es war mir eine große Freude, und es war mir eine Ehre". Fein gesetzt das Adjektiv. Für mich der Satz des Jahres.

Süßer und länger die Kassen nie klingeln

Nach der Christianisierung folgte die Christmarktisierung des Abendlandes. Wer große Weihnachtsmärkte liebt, sollte nicht weiterlesen. Ich will niemandem die Freude und das Geschäft verderben.

Es war einmal, da erlaubte die Obrigkeit den Bauern und Metzgern an einem einzigen Markttag vor Weihnachten Fleisch zu verkaufen, damit das Volk im Winter nicht hungere. Erstmals ist das in München 1310 dokumentiert. Später durften Bauern und Handwerker weitere Waren anbieten, auch Spielzeug für Kinder. So entstanden überall im Deutschen Reich Verkaufsmessen, die sich später Weihnachts- oder Christkindelsmärkte nannten. Es gab gute und schlechte Zeiten für diese Märkte, aber richtig florierten sie erst nach dem 2. Weltkrieg und wurden in den letzten zehn Jahren zu einer gewaltigen Wirtschaftsindustrie. Statistiken zufolge gibt es in Deutschland 1500 größere und 1000 kleine Märkte mit 85 Millionen Besuchern, davon viele aus dem Ausland. Die Besucherzahl stieg in den letzten sieben Jahren um (unglaubliche) 70% an. Man könnte das eine Epidemie nennen zur Freude der Kommunen, Geschäftswelt, Touristik und Schausteller, die in diesen Wochen fast 30% ihres Jahresumsatzes machen. Süßer die Kassen nie klingeln.

Die Liste der größten Märkte führen Köln und Stuttgart mit mehr als 4 Millionen Besuchern an, viele Städte wie München, Frankfurt, Dresden, Nürnberg oder Leipzig zählen mehr als 2 Millionen. Sie überbieten sich mit Superlativen: Der Dresdner Striezelmarkt sei der älteste mit dem größten Stollen; der Nürnberger Christkindelsmarkt, den erst die Nazis wieder in Schwung brachten, sei der berühmteste mit der größten Feuerzangenbowle; der größte Weihnachtsbaum stehe in Dortmund, der größte Adventskalender in Gengenbach (oder Leipzig), das größte Knusperhaus im kleinen Aurich im Norden - alles weltweit, versteht sich. Noch verwirrender sind die Rankings, wenn es um die schönsten Märkte geht. Ob Nürnberg oder Dresden, Frankfurt oder Düsseldorf – alles Geschmackssache. Und in Gelsenkirchen soll es den hässlichsten geben. In den sozialen Medien wird wacker gestritten.

Die heilige Dreifaltigkeit fast aller Märkte sind Glühwein, Bratwurst, Lebkuchen. Dem Vernehmen nach plant man nationale Wahlen zu einer Glühwein-Königin. Die Bratwurst-Krone soll einem Mann aufgesetzt werden, wenn endlich die regionalen Streitereien aufhören und alle, auch im Norden, wissen, wie „Drei im Weggla" schmecken. Leichter haben es da die Spiel- und Dekosachen made in China: Sie sind überall gleich und haben das regionale Handwerk weitgehend verdrängt.

Da die Kassen süßer nie klingeln, dehnen sich die großen Märkte aus; einige beginnen vor Totensonntag, einige enden an Dreikönig. Gerne würde man über Aschermittwoch hinaus Anschluss an die Ostermärkte gewinnen mit dem Fernziel eines Marktes der Vierjahreszeiten. Denn es gibt einen gewaltigen Feind: das Klima. Das wandelt sich bekanntlich, und auch die Märkte tragen dazu bei. Laue Lüfte und Starkregen fördern nicht Stimmung und Konsum. Noch blüht die Gigantomanie, obwohl sie von der Mehrheit der Bevölkerung abgelehnt wird. Sirupartig wird sie übergossen mit dieser Dauerbeschallung und Verhunzung der wunderbaren deutschen Weihnachts- und Volkslieder. „O du fröhliche“ ein Tag nach Totensonntag und „Stille Nacht, heilige Nacht“ in Dauerschleife, da hilft nur viel Glühwein oder rasche Flucht.

Es geht auch anders. Kleine Märkte mit regionalen Produkten, offen für kurze Zeit, meist an den Wochenenden, ohne Dauerbeschallung, Märkte wie in Bad Wimpfen, Mittenwald oder in der Ravennaschlucht bei Breitnau im Schwarzwald; vielleicht auch in Ihrer Nachbarschaft. Da gibt es noch den Zauber einer besinnlichen, stillen Zeit, einer Entschleunigung, wie man heute sagt. Brauchen wir alle.

Da gibt es nichts zum Lachen – oder?

„Lachen Sie nie in der Oper?“ fragte ich kürzlich meine Nachbarin im Festspielhaus Baden-Baden nach einer Aufführung von „Hoffmanns Erzählungen“. Sie sah mich irritiert an: „In der Oper gibt es nichts zum Lachen.“ Wir waren begeistert von der Musik Jacques Offenbachs, die mit dem albernen Chor „Gluck, gluck, gluck, ich bin das Bier! Gluck, gluck, gluck, ich bin der Wein“ beginnt und endet und reich an Witz und Komik ist, aber gelacht hatte niemand. Man lacht auch nicht bei Wagner, wenn die Rheintöchter mit „Weia! Waga! Woge, du Welle, walle zur Wiege“ locken, die Walküren ihr „Hojotoho" schmettern oder Beckmesser sich blamiert und verprügelt wird. Wir lachen nicht bei der „Italienerin aus Algier" oder beim „Barbier von Sevilla" von Rossini, nicht beim „Falstaff" von Verdi oder „Bajazzo" von Leoncavallo, obwohl all diese Werke witzige Figuren und komische Szenen haben. Sind wir Deutschen humorlos?

In Italien und Frankreich wurden die Werke von Rossini und Offenbach mit Lachorgien aufgenommen, man genoss Mythentravestien und Gesellschaftskritik, amüsierte sich über Plagiate und Situationskomik. In Deutschland undenkbar. Selbst dem größten Humoristen unter den Opernkomponisten, der ein musikalisches und szenisches Feuerwerk an Gags, Witz und Komik voller Derbheiten entzündet und so köstliche Figuren wie Papageno, Papagena, Monostatos oder Osmin geschaffen hat, auch Mozart begegnen wir nur mit Verehrung.

Wir wollen uns zwar amüsieren, aber bitte nicht in den Heiligen Hallen der Kunst, dort sind wir stiller und andächtiger als in der Kirche, sind „päpstlicher" als es viele Künstler waren.

In der Garderobe - ich war gerade gedanklich im französischen Leichtsinn und deutschen Tiefsinn angekommen, also bei Offenbach und Wagner, beide im Lästern über den anderen nicht zimperlich (aber das wäre eine andere, besonders für Wagner unerfreuliche Geschichte) - sah ich meine Nachbarin wieder. „Lachen Sie im Konzert?" fragte sie und eilte davon.

Lachen im Konzert? Noch unmöglicher als in der Oper! Natürlich gibt es auch bei Haydn und Mozart, sogar bei Bach witzige Musik, aber Beethoven und seine Nachfolger haben uns den Spaß ausgetrieben. Gegen die Kaskaden symphonischer Musik von Beethoven, Schumann, Brahms, Bruckner, Mahler oder Schostakowitsch, gegen die Abgründe der romantischen und spätromantischen Kammermusik kommen Raritäten wie „Till Eulenspiegel" von Strauss oder „Peter und der Wolf" von Prokofjev nicht an. Da müsste man sich schon in die Operette flüchten. Seit der Romantik dominiert in der Klassik weltanschaulicher Ernst. Das Leben ist Kampf, da gibt es wenig zum Lachen. Genialität und Leid werden fast zum Synonym. Als man 1870 den 100. Geburtstag Beethovens feierte, hieß es: Ihn umgibt die doppelte Gloriole von Genius und Unglück. So entstand dann der deutsche Begriff der E-Musik als einer höherwertigen und darum auch höher zu vergütenden Kunstform. Lachen kann man in der U-Musik. Oder mit den alten Göttern. Es gibt das homerische, aber nicht das christliche Gelächter, Puritaner und Calvinisten gelten als ausgesprochen lachfeindlich. Leider gilt das auch für die zeitgenössische Musik. Sie ist, Maurizio Kagel ausgenommen, anstrengend und komplett humorlos. Vielleicht sollte ich meiner Nachbarin mal „Die Fledermaus" empfehlen, Champagner inclusive.

Jeder von uns hat schon erlebt, dass Erzählungen von einer glücklichen Ehe, einer schönen Reise, einem zufriedenen Berufsleben oder guter Gesundheit bestenfalls höfliches Interesse wecken. Wenn aber von Scheidungen, Katastrophen im Urlaub, Schikanen im Beruf oder Krankheiten berichtet wird, ist dem Erzähler alle Aufmerksamkeit sicher. In den Medien gilt ohnehin: Only bad news are good news, und so ist das Verhältnis von guten zu schlechten Nachrichten 1:17. Bad news steigern die Auflagen und Quoten und wirken besonders stark, wenn sie aus unserem Erfahrungshorizont stammen. So war der Tsunami 2004 im Urlaubsland Thailand wesentlich „attraktiver" als die verheerenden Naturkatastrophen auf den eher unbekannten Philippinen. Der Versuch, eine Fernsehsendung mit good news zu etablieren, scheiterte schnell. Nur die Bibel wird hartnäckig als „gute Nachricht" beworben, obwohl das Alte Testament mit harten, ja brutalen Nachrichten nicht spart. Vielleicht sollte man das Marketing überdenken.

Sind wir also, nicht nur auf der Autobahn, ein Volk von „Gaffern" mit der Lust an Katastrophen? Heerscharen von Neurowissenschaftlern und Psychologen aller Richtungen haben darüber gegrübelt, warum schlechte Nachrichten so attraktiv sind, haben unsere Jäger-Gene dafür verantwortlich gemacht, unsere Gier auf schlechte Nachrichten als eine Art Entlastung definiert, als rituelle Beschwörung fremden Unheils, um eigenes zu bannen. Alles ziemlich archaisch.

Auch in den sanften Gefilden der Kultur liebt man schlechte Nachrichten, um Aufmerksamkeit zu wecken. So klagten kürzlich die Musikpädagogen bei ihrem Bundeskongress in Hannover über Bedeutungsverluste mit der Überschrift „Musikalische Bildung droht zur Privatsache zu werden". Das Schüler-Lehrer-Verhältnis werde sich verschlechtern, da eine Pensionierungswelle und steigende Schülerzahlen drohten. Mehr Geld rufen die Lobbyisten – das tun die Ärzte auch. Dabei gebe es viele gute Nachrichten aus diesen Bereichen.

Wenn man sich in das Deutsche Musikinformationszentrum (MIZ) vertieft, stellt man zwar fest, dass es natürlich Defizite gibt: In den großen Medien ist Klassik marginalisiert, einige Orchester wurden aufgelöst (129 gibt es noch), freiberufliche Lehrkräfte an Musikschulen werden erbärmlich bezahlt, Musikunterricht findet nur in 78% der Oberstufen statt. Doch insgesamt klagt man auf hohem Niveau. Kein anderes Land hat so viele Theater, Opern-, Konzerthäuser, Orchester, Chöre, Musikschulen und immerhin 40 000 Musiklehrer; die meisten von ihnen vom Staat ordentlich alimentiert. Und nirgendwo ist die Laienbewegung so groß und lebendig wie bei uns. Um nur eine Zahl zu nennen: Mehr als 800 000 Menschen singen in den Kirchenchören. Man könnte auch sagen: Auf 100 Einwohner in Deutschland kommt ein Sänger.

Wer den Statistiken misstraut, höre sich um: In meiner näheren Umgebung konnte ich am letzten Wochenende zwischen 16 großen und kleinen Konzerten, Theateraufführungen, Lesungen, Vorträge, Ausstellungen wählen. Sogar Heerscharen von Nachwuchskünstlern finden ihr Publikum, Benefizveranstaltungen offene Herzen und Geldbeutel. Gute Nachrichten, aber die Schlagzeilen beherrschen sie nicht.

Den Wettlauf um Aufmerksamkeit kann man noch steigern. Wenn in einer geselligen Runde jemand mit gesenkter Stimme sexuelle Details aus dem Leben eines nicht anwesenden Paares andeutet, dann schwindet die Lust auf schlechte Nachrichten schlagartig, atemlose Stille tritt ein, alle hängen an den Lippen des raunenden Erzählers. So kann man sich auch Gehör verschaffen. Versuchen Sie's mal.

Sei allem Abschied voran, als wäre er hinter dir

Angela Merkel ist ein Glücksfall. Nachdem die Metoo-Bewegung, die Fußball-Katastrophe, die Sommerhitze und, in kleinerem Maßstab, „Chemnitz und die Folgen" die Gemüter durchgerüttelt und wir uns an die täglichen Querelen in Berlin und die Tweets von Herrn Trump gewöhnt hatten, drohte in den Medien ein öder Herbst. Dann kam der Paukenschlag: Die große Vorsitzende kündigte ihren Rücktritt an. Gewiss, zuvor gab es schwüles Gedünst, frustrierte Wähler und bockige Aussitzparolen, aber dieser „Abschied von der Macht", als Eilmeldung weltweit verbreitet, überrumpelte alle, Freunde wie Gegner, Politiker wie Journalisten. Nur einer war eingeweiht: Joachim Sauer. Dieser Mann ist bekannt als Naturwissenschaftler und diskreter Ehemann der Kanzlerin. Weniger bekannt ist seine Vorliebe für Lyrik und insbesondere für Rainer Maria Rilke. Und damit wären wir beim „Abschied“.

Das Thema ist ein existentielles. Abschied ist überall, wo Leben ist, hat seit dem Alten Testament Theologen, Philosophen, Dichter, Ärzte, Politiker, große und kleine Geister beschäftigt. Romane und Dramen sind voller Abschiede von der Liebe, der Macht, von Menschen, Orten, Gefühlen, vom Leben. Fast lakonisch stellt Vittoria in dem dramatischen Gedicht „Der Abenteurer und die Sängerin“ von Hofmannsthal fest: „die Kunst zu enden! Wer das kann, kann alles.“ Doch am schönsten dichten die Lyriker. Vom Minnegesang bis Mascha Kaléko, von Goethes „Willkommen und Abschied“ über Hermann Hesses „Stufen“ bis zur „Gestundeten Zeit“ von Ingeborg Bachmann – überall blühen die Abschiede; doch keiner hat sie so süß und schmerzlich besungen wie Rilke in seinen Elegien, Sonetten, Gedichten: „Wie hab ich das gefühlt was Abschied heißt./Wie weiß ichs noch: ein dunkles unverwundnes/grausames Etwas, das ein Schönverbundnes/noch einmal zeigt und hinhält und zerreißt.“ Drum sei allem Abschied voran, als wär er hinter dir.

Natürlich gibt es auch in der Oper seit Monteverdi wunderbare Abschiedsszenen und -arien; tränenreiche wie „Addio del passato“ in „Traviata“ oder „Sono andati?“ in „La Bohème“, herzergreifende wie „E lucevan le stelle“ in „Tosca“ oder „O patria mia“ in „Aida“, visionäre wie in „Lohengrin“.

Bei Wagner sind wir auf sicherem Terrain. Angela Merkel liebt ihn, das Ehepaar ist Stammgast in Bayreuth. Wagners Einfluss auf die Abschiedsentscheidung ist sicher robuster als der Einfluss Rilkes. „Wotans Abschied“ im 3. Akt der „Walküre“ ist ein schönes Beispiel dafür.

In dieser berühmten Szene regelt Wotan wie im Rausch, von sich selbst überwältigt und ergriffen, sein Erbe mit Feuer und Glut, nimmt Abschied von der Macht, wirft einen letzten schmerzlichen Blick auf seine Lieblingstochter Brünnhilde. Das sind große Gefühle, großartig inszeniert und instrumentiert. Als der Rausch verflogen ist, findet sich Wotan im „Siegfried“ als Wanderer wieder, als Zuschauer der Machtkämpfe, die jetzt andere führen. Ein trauriges Los. Doch sein grandioser Abschied entschädigt für vieles.

Vielleicht hat Angela Merkel ähnliche Gefühle wie Wotan, wirft Anfang Dezember einen letzten Blick auf ihre Brünnhilde AKK, vielleicht kommt ihr Merz als Hagen dazwischen. Sicher aber sind ihr Standing Ovation und, falls nötig, die Tröstungen der Dichter: „Was man besaß, weiß man, wenn man's verlor“ (Erich Kästner „Der November“). Gilt für sie, gilt für uns.

Wo bleiben Spontanität und Solidarität in der Klassik?

Als ich Ende August 2018 die Berichte aus Chemnitz las und die Bilder sah, die um die Welt gingen, war ich entsetzt über den Totschlag eines Menschen und die Instrumentalisierung dieses Verbrechens. Eine Woche später kamen 65 000 Menschen zu dem Konzert „#wirsindmehr". Felix Brummer, der Frontmann der Chemnitzer Band „Kraftklub", hatte es spontan mit Gruppen wie „Feine Sahne Fischfilet" oder „Die Toten Hosen" organisiert. Auf Youtube klickten es eine Million Menschen an. Ich war einer von ihnen. Diese Musik ist nicht meine Musik, aber Engagement und Spontanität dieser Musiker haben mich beeindruckt. Einer von ihnen sagte: „Es geht nicht um links oder rechts, sondern um politischen Anstand." Und die Anständigen wolle man nicht allein lassen. Das sagten Popmusiker, warfen Termine über den Haufen, fragten nicht nach Gagen, Dienstzeiten, Vorschriften, kamen, spielten und begeisterten sehr viele Menschen, junge wie alte.

Unweit von Chemnitz, 70 bis 80 Kilometer entfernt, residieren in Dresden und Leipzig zwei weltberühmte Orchester mit ihren ebenso berühmten Dirigenten. Sie kamen nicht spontan und solidarisch nach Chemnitz. Sie werden dafür Gründe haben, die wahrscheinlich nichts zu tun haben mit den Überzeugungen der Musiker, sondern mit den starren Strukturen des Klassikbetriebs. Auch wenn die Ereignisse in Chemnitz nicht mit denen in Berlin 1989 zu vergleichen sind, erinnere ich an die damalige Spontanität nach dem Fall der Mauer. Wenige Tage danach gab es nicht nur ein großes Rockkonzert mit allen Helden der damaligen Zeit (in wenigen Stunden, man will es kaum glauben, vom SFB organisiert), auch die Berliner Philharmoniker gaben spontan ein Gratiskonzert für die DDR-Bürger und der Cellist und Humanist Rostropowitsch spielte am Checkpoint Charly. Weihnachten dirigierte dann Bernstein Beethovens IX. Sinfonie und ersetzte das Wort „Freude“ durch „Freiheit, schöner Götterfunke“.

Das war eine große Ausnahme, denn üblicherweise verharrt der Klassikbetrieb in den Ritualen von Abonnements und Events, begleitet feierliche Anlässe (vor allem Streichquartette sind gefragt – kurze Stücke, geringe Kosten), sorgt für Bildung und gute Unterhaltung. Die Musik kann erschüttern mit Bachs Passionen, Mahlers „Auferstehungssinfonie“ oder Schuberts Streichquintett C-Dur. Aber die Wirkung geht selten über den Kunstbezirk hinaus. Wenige Opern haben das geschafft: Mit der „ Stummen von Portici“ von Auber begann die Unabhängigkeit Belgiens, da riefen die Zuhörer „Aux armes, aux armes“ stürmten auf die Straßen hinaus und griffen zu den Waffen; nach Aufführungen von Luigi Nonos „Intolleranza“ gab es in Italien Straßenschlachten zwischen Faschisten und Antifaschisten und nach der Premiere der „Ring“-Inszenierung von Patrice Chéreau in Bayreuth Handgreiflichkeiten und wüste Drohungen mit den Waffen des Geldes. Das brach die Klassikrituale auf, ist aber leider historisch.

Regisseure bemühen sich, alte Stoffe zu aktualisieren, sie für heutige Menschen glaubwürdig zu machen. Aber Kunstgriffe und Virtuosität ersetzen nicht Authentizität und Glaubwürdigkeit. Im August starb die Sängerin Aretha Franklin. Obama und Millionen Menschen weinten, weil diese Königin des Soul, wie Claudius Seidl in der FAS schrieb, „die Schönheit und den Schrecken, den ganzen Geist ihrer Zeit und zugleich die allerpersönlichste Sehnsucht ihres Körpers artikulieren konnte." Die Koloraturarien der Königin der Nacht sind bravourös, aber „A Natural Woman" ist ein Naturereignis.

Im Salzburger Götterhimmel

Während Bayreuth im Winterschlaf frische Kräfte für die nächste Invasion der Wagnerianer sammelt, ruht Salzburg nie. Adventszauber mit schöner Volksmusik, Mozart-Woche im Januar, Oster- und Pfingstfestspiele im Frühjahr und im Sommer seit 1920 die eigentlichen, die großen Festspiele. Nach Bayreuth, sagt man, fahre man nur wegen Wagner, nach Salzburg auch wegen der Festspiele. Denn Stadt und Land sind mit Bergen und Seen, Kirchen und Friedhöfen, Schlössern und Gedenkstätten, Hotels und Cafés, mit Nockerl und Mozartkugeln so reich gesegnet, dass die Festspiele nur das Sahnehäubchen auf diesem Gesamtkunstwerk sind. Ein fettes allerdings und das besonders im Sommer.

Die aktuellen Zahlen sind eindrucksvoll: An 42 Tagen gab es 206 Veranstaltungen an 18 Orten, man verkaufte 260 000 Tickets an Besucher aus 85 Nationen und nahm 30 Millionen Euro ein. „Die ganze Stadt soll eine Bühne sein“ war die Losung des großen Theatermanns Max Reinhardt, der mit Hugo von Hofmannsthal, Richard Strauss, Alfred Roller und Franz Schalk die Festspiele als „Friedenswerk“ gründete. Diese Losung hat sich voll erfüllt. Fünf Opern und vier Schauspiele wurden in diesem Jahr neu inszeniert, dazu kamen 89 Konzerte und viele kluge, glamouröse und populäre Veranstaltungen wie das Public Screening auf dem Kapitelplatz. Für Künstler, Politiker, Firmen und Musiktouristen sind die Festspiele zu einem Hot Spot geworden. Der Bundespräsident eröffnet, der Kanzler führt Arbeitsgespräche, Sponsoren werben ungeniert, das Publikum feiert sich selbst. Laufsteg mit Champagner und Häppchen.

Der Ortsheilige Mozart ist überall präsent, in der Kunst wie im Kommerz. Anlässlich seines 250. Geburtstages führte man 2006 den kompletten Zyklus seiner 22 Bühnenwerke auf, von der „Schuldigkeit des Ersten Gebots“ bis zu „La clemenza di Tito“; das war wirklich einzigartig. Populärer jedoch als seine Opern sind „seine“ Kugeln, auch sie eine Sache für Kenner. Das Salzburger Original der Mozartkugeln, eine raffinierte Mischung aus Marzipan, Pistazien, Nougat und dunkler Schokolade, wird seit 1890 nur in der Konditorei Fürst hergestellt.

Musikalisch ist Mozart großzügiger, duldet neben sich alle Konkurrenten von Claudio Monteverdi bis Wolfgang Rihm. Es gibt alles außer Ballett. Künstlerisch haben die Gründungsväter die Vorkriegszeit geprägt, später waren es Karl Böhm und Herbert von Karajan. Wehmütig erinnert man sich an die jugendliche Frische großer Stars wie Cecilia Bartoli oder Anna Netrebko. Intendanten kamen und gingen, der „Jedermann" blieb auf dem Domplatz das moralisch-religiöse Zentrum der Festspiele; eine schöne altmodische Warnung vor menschlichen Eitelkeiten.

Man kann die Touristenmassen und den Luxus meiden, nicht zu Mozarts Geburtshaus in der Gerbergasse oder zu Karajans Grab in Anif wallfahren, nicht legendäre Orte wie den Goldenen Hirsch, das Café Tomaselli oder Schloss Fuschl besuchen und dort in der Sissi-Suite wohnen, sondern auf den Mönchsberg fahren und bei den Pallottinern stilvoll und preiswert wohnen; oder man fährt nach Maria Plain, bewundert die frisch renovierte barocke Wallfahrtskirche und isst unter Kastanienbäumen eine Kalbsbratwurst aus der Metzgerei des prächtigen Landgasthofes. Salzburg liegt einem zu Füßen, die Bayreuther Pausenwürste sind vergessen.

Nur der berüchtigte Schnürlregen trübt bisweilen das stille wie das laute Glück – sogar in diesem Jahr. Dann flüchtet auch „Jedermann" vom magischen Domplatz ins große Festspielhaus. Dort sitzt man zwar im Trocknen, aber auch auf dem Trocknen und sehnt sich nach dem mystischen Abgrund in Bayreuth.

Die ewige Wallfahrt zu Wagners Flagge

Es ist keine Piratenflagge mit Totenschädel und gekreuzten Knochen oder Schwertern, sondern eine weiße mit einem großen blauen W. Wieder wehte sie fünf Wochen über dem Festspielhaus in Bayreuth und signalisierte allen Pilgern, dass es hier nicht, wie in Salzburg, viele Götter, sondern nur einen Gott gibt: Wagner. Gestern wurde die Fahne wieder eingeholt. Warum pilgern seit 1876 Menschen aus aller Welt nach Bayreuth?

1. Die Kleinstadt liegt im geruhsamen Oberfranken; kein Flughafen, kein ICE Halt, nur die Autobahn hört man rauschen. Jean Paul Richter lebte und starb hier, seine Bücher „Titan" oder „Siebenkäs" liest niemand mehr, und Max Stirner, hier geboren, ergeht es mit seinem Buch „Der Einzige und sein Eigentum" ebenso. Die Markgräfin Wilhelmine aber, die Schwester des preußischen Königs Friedrich II., ließ hier eine Eremitage bauen, die immer noch zum Lustwandeln einlädt, und ein goldfunkelndes Rokoko-Opernhaus, das jede Reise wert ist. Ansonsten: schöne Sandsteinhäuser, eine studentenfreundliche Universität, gutes Bier, deftige Kost, langer Winterschlaf.

2. Wagner baute sein Festspielhaus bewusst in der Provinz, denn nichts sollte von seinen Opern ablenken, jeder Besuch eine Pilgerreise sein. Kein Prunk-, sondern ein Zweckbau, außen Fachwerk und roter Ziegelstein, innen Holz; als Scheune verspottet und bewundert. „Ring" und „Parsifal" inszenierte er dort, die Welt pilgerte nach Bayreuth und die Kritiker gifteten. Dann starb er und die Familie ergriff das Erbe: Witwe, Sohn, Schwiegertochter, Enkel, Urenkelinnen. 142 Jahre Familienbande voller Intrigen und Machtkämpfe wie im Denver-Clan. Lustvolle Skandale. Einzigartig.

3. Einzigartig wie die „Parsifal"-Inszenierungen von Richard (1882) und von Wieland (1951) sind die Aufführungen heute nicht mehr. Musikalisch gelingen sie oft, szenisch seltener. Krachend scheitern tollkühne Engagements. Aber bessere Dirigenten und Chöre erlebt man sonst nirgends; Sängerkarrieren werden hier entdeckt oder gekrönt. Das letzte Jahrhundertereignis war der „Ring" von Patrice Chéreau und Pierre Boulez 1976.

4. Einzigartig aber ist das Innere des Hauses, gebaut wie eine Stradivari-Geige. Eng bestuhlter Holzboden, Holzdecke wie ein Sonnensegel; breites, stark ansteigendes Parkett wie in einem Amphitheater, an den Seiten Scherenwände, die den Ton brechen. Vor der Bühne sitzt, unsichtbar für das Publikum, das Orchester in einem tiefen Graben mit Schalldeckeln. Aus diesem mystischen Abgrund steigt die Musik auf, mischt sich mit dem Gesang auf der Bühne. In diesem Raum den Beginn des „Rheingolds" zu hören, die Gralschöre oder den Trauermarsch, sind mystische Erlebnisse.

5. Hier gilt's zwar der Kunst, aber genauso dem Kult. Alle waren da, Künstler wie Politiker: Kaiser, Reichskanzler, Bundeskanzlerin. Beim Frühstück empört man sich über Ratten auf der Bühne, zum Lunch werden zuverlässige Gerüchte serviert; dazwischen besucht man anspruchsvolle Werk-Einführungen oder das schön restaurierte Haus Wahnfried, grübelt im Garten an den Gräbern von Richard, Cosima und Russ, dem Hund. Ab 15 Uhr Wallfahrt zum Hügel, Schaulaufen, Fanfarenrufe, ab 16 Uhr schwitzt man in engen Sitzen. In den langen Pausen gibt es vor allem Bratwurst. Nach vier bis sechs Stunden werden, wie in einer römischen Arena,

Regisseure oft vernichtet und Sänger und Musiker triumphal gefeiert. Nicht selten eine Stunde lang. Anschließend rauscht das Bier, das schon Wagner trank, und beflügelt das Expertenwissen aller.

Fazit: Bayreuth ist anstrengend, aber einmalig. Loriot hätte gesagt: Ein Leben ohne Bayreuth ist möglich, aber nicht sinnvoll.

Ode an die Heißzeit

Das Fußballdebakel in Russland – Sie erinnern sich sicher – hatte die schöne Wirkung, dass wir im Ausland viel Mitgefühl und Trost erfuhren. Für die Österreicher waren wir nicht nur Piefkes, sondern wir bauten mit ihnen und den Italienern an der Adria Sandburgen. Niederlagen verbinden eben mehr als Siege. Die Sieger aber, Franzosen wie Kroaten, verwöhnten uns mit kleinen Gesten: Am Strand durften wir in der ersten Reihe liegen, im Restaurant einen Tisch frei wählen und viele Digestifs auf Rechnung der generösen Sieger trinken. Dadurch verlor die robuste Volksweisheit „Des einen Leid ist des anderen Freud“ etwas an Schärfe. Als dann der Sommer zur „Heißzeit“ wurde und die Medien beherrschte, entfaltete diese Volksweisheit ihre ganze archaische Kraft.

Kennen Sie Karl Friedrich Schimper und seine „Eiszeit-Ode“? Diesem braven Doktor, Naturforscher und Dichter aus Baden verdanken wir den Begriff „Eiszeit“. Das war 1837. Genaues weiß man über diese Eiszeit bis heute nicht. Nichts ist gesichert, man spricht von „vielleicht“ und „wahrscheinlich“ und vielen Millionen Jahren. In diesem sogenannten Quartären Eiszeitalter des Känozoikums befinden wir uns immer noch. Kalt- und Warmzeiten gehören dazu, alles ganz normal. Wenn es extrem wird, spricht man von einem Jahrhundertsommer oder -winter; davon gibt es viele. Der letzte Jahrhundertsommer war 2003 und für die Natur und viele Menschen nicht besonders gesund.

Nun sind wir in der „Heißzeit“ gelandet und Eschatologen haben Konjunktur. Sie künden die letzten Dinge an. Einerseits könnte der Meeresspiegel um 60 Meter steigen, andererseits das Land verdorren. Da denken die Bibelfesten an die Arche Noah und den Propheten Jeremias (Kap. 14). Die Lobbyisten aber an Subventionen. Manche denken auch nach, zum Beispiel über Monokulturen nach EU-Richtlinien.

Auch wenn man Katastrophenszenarien misstraut: In einigen Bereichen gibt es so ernsthafte Probleme, dass die zuständige Ministerin den Viehbauern versprach, sie nicht im Regen stehen zu lassen. Na ja. In anderen Bereichen gibt es Gewinnler: Strand- und Schwimmbäder, Eisverkäufer und Getränkehändler profitieren von der „Heißzeit“. Winzer orakeln von einem Jahrhundertjahrgang, Obstbauern von vollen Scheuern. Früher haben Italiener und Türken ein paar Stühle auf die Straße gestellt und wehmütig an die Heimat gedacht, heute haben wir eine deutsche Draußenkultur, schattig bevorzugt.

Auch Freilichtbühnen profitieren von diesem Sommer. Das Ausland hat berühmte wie die Arena in Verona, den

Domplatz in Salzburg oder die Seebühne in Bregenz, aber wir haben nicht nur große wie in Bad Segeberg (11500 Plätze insgesamt), Wunsiedel (das älteste Freilichttheater) oder Ötigheim (die größte Bühne), sondern hunderte kleine Amateurtheater, die mit ihrer Spiellust einladen zu sommerlichem Vergnügen. Naturnah, preiswert, ohne kulturelle Hemmschwellen, aber mit Essen und Trinken. Sie sind der Humus unserer Theaterkultur, nicht Goethe und Schiller.

Passt also diese „Heißzeit" zu Deutschland? Gewinner wie Verlierer werden unterschiedliche Antworten geben. Fußballfreunde aber können gelassen bleiben: Das Endspiel der nächsten WM in Katar findet am 4. Advent statt. Entweder singen wir dazu von den Glocken, die süßer nie klingen und dem leise rieselnden Schnee oder, falls die „Heißzeit" in vier Jahren schon den Advent erreicht hat, eine „Heißzeit-Ode" nach dem Vorbild der berühmten „Eiszeit-Ode" von Karl Friedrich Schimper.

Özil goes Bayreuth

70 Millionen Menschen folgen Özil weltweit in den sozialen Medien. Das schafft kein anderer Deutscher. Und in den deutschen Medien hat er sogar Trump überboten. Eine seriöse Sonntagszeitung druckte am Wochenende fünf tiefsinnige Texte zur Causa Özil, vier weitere nahmen Bezug auf ihn. Es wurde rauf und runter analy-

siert und natürlich immer grundsätzlich. Man erfuhr alles zu Rassismus und Integration, lernte die Stimmung bei den Amateurfußballern kennen und die feinen Unterschiede von Passdeutschen und „echten“ Deutschen. Die Titelgeschichte im Wirtschaftsteil brachte harte Fakten zur Weltmarke Özil, die den DFB provinziell erscheinen lassen. Am Freitag hatte ich bereits gelesen, warum man Özil nicht mit der englischen Queen vergleichen dürfe, und war daher beruhigt über die Nachricht am Sonntag, dass er in Singapur für Arsenal London ein Tor geschossen habe.

Soweit die Fakten. Die kulturelle Verwertung dieses Hypes male ich mir aus: Die globalen Filmrechte für Kino und Fernsehen werden brutal wie Ablösesummen und Nettogehälter verhandelt. Der fußballerfahrene deutsche Regisseur Sönke Wortmann wird leider keine Chance haben, denn Hollywood konkurriert mit Bollywood. Bücher- und Musiklizenzen will Bertelsmann ersteigern. Fernsehredakteure zermartern sich die Köpfe, wie man, notfalls in rechtlicher Grauzone, die Quoten für „Tatort“ und Kochsendungen mit Özil steigern kann und in Bad Segeberg träumt man, Winnetou mit Özil zu besetzen oder sogar zu ersetzen, obwohl sein linker Fuß nicht so treffsicher ist wie die Silberbüchse.

Der Weg von Karl May zu Richard Wagner ist kurz; darauf hat schon der bedeutenden Philosoph Ernst Bloch in dem Text „Die Rettung Wagners durch Karl May“ hingewiesen. Sein Rezept ist surrealistische Kolportage; dies im Sinn sollte man Özil nach Oberfranken schicken, wie Siegfried durchs wilde Kurdistan, um den Wagnerfestspielen neue Impulse zu geben. Zwar ist

Bayreuth derzeit in stabiler Seitenlage, muss nicht gerettet werden, aber auf dem roten Teppich schreiten die bekannten Happy Few, wild entschlossen sieben Stunden Oper durchzuschwitzen. Randgruppen wie Kinder, Ostdeutsche oder Einheimische, sieht man, wie es der Name nahelegt, am Rand; doch Muslime sieht man überhaupt nicht. Hier besteht Handlungsbedarf. Man sollte der „Unterwerfung“ von Houellebecq zuvorkommen und alle Muslime zu Wagnerianern machen. Hierbei könnte Özil helfen.

Als hochprofessioneller Werbeträger würde es ihm leicht fallen, mit seiner schönen Amine Gülse über den roten Teppich zu schreiten, aus der Wagnerloge und vom Balkon aus zu winken (da gab es berüchtigte Vorläufer) und ein Foto mit der Wagnerbüste von Arno Breker around the world zu senden; dieser Bildhauer müsste Erdogan gefallen.

Künstlerisch anspruchsvoller wäre es, Özil als Lohengrin zu präsentieren: Er erinnert an den jungen René Kollo, an Peter Hofmann, ist ein Retter, Rächer, eine Lichtgestalt, begrüßt von vielen als „gottgesandter Held“. Amine Gülse wäre eine Idealbesetzung für Elsa, Reinhard Grindel für Telramund, Erdogan für König Heinrich; die böse Ortrud wird sich finden.

Natürlich wird man auf muslimische Compliance achten und einiges ändern müssen, aber Kahn und Schwan sollten keine Hindernisse sein. Leider gibt es noch die Musik. Was in Bad Segeberg das Schießen ist, ist in Bayreuth das Singen. Das wird für Özil ein harter Brocken; in der Grundschule in Gelsenkirchen, in den Stadien und Kabinen hat er bisher geschwiegen. Doch der Mann ist ehrgeizig und zur Not gibt es Playback. Es geht um die Zukunft der Bayreuther Festspiele, nicht um die des DFB.

Die hohe Kunst des rechtzeitigen Abschieds

Dem irischen Dichter Bernard Shaw verdanken wir nicht nur berühmte Theaterstücke wie „Helden" und „Pygmalion", sondern auch brillante Musikkritiken. Als das renommierte Orchester der englischen Ärzteschaft in der Royal Albert Hall sein Jahreskonzert gab, schrieb er im Londoner „Star" zwei Sätze: Im ersten nannte er das Programm (Mozart und Beethoven), im zweiten urteilte er knapp: „Die Damen und Herren sind an ihre ärztliche Schweigepflicht zu erinnern."

Vermutlich hätte Shaw diese Empfehlung auch dem einst wunderbaren Tenor Rolando Villazón gegeben, als er kürzlich in der „Zauberflöte" den Papageno so schwach und maniriert sang, dass dies nicht mit einer vorübergehenden Indisposition zu entschuldigen war. Aber Shaw hätte seine Empfehlung auch vielen anderen Künstlern, Politikern, Managern gegeben. Rechtzeitig aufzuhören, ist eine schwere Kunst für uns alle.

Der eine Teil der Menschheit geht gerne in den Ruhestand, je früher, desto lieber, soziale Sicherung vorausgesetzt. Für den anderen Teil sind Arbeit und Beruf Lebensinhalte. Abschiede fallen schwer und je prominenter die Position, desto schwieriger der Abschied. Soziale

Armut droht nicht, wohl aber Machtverlust. Wir kennen die aktuellen Namen der Politiker, Fußballmanager, Trainer, die nicht in Ehren abtreten wollen und ihr Beharren mit dem „Dienst an der Sache" verbrämen. Oft ist der Sache damit nicht gedient.

In der Kunst ist es nicht anders. Orchestermusiker und andere Gruppen, gehen, sozial gut abgesichert, gerne in den gesetzlichen Ruhestand; danach haben sie mehr Zeit für Privatstunden und Mugge (Aushilfe bei Orchestern). Freie Künstler dagegen sind frei in vieler Hinsicht. Sie leben sozial risikoreich, gehen nicht in Rente, sondern schreiben, malen, singen, spielen, tanzen so lange sie glauben, es zu können, und ihr Können gefragt ist. Maler und Schriftsteller arbeiten meist im Verborgenen, Schauspieler und Musiker stehen schutzlos auf der Bühne. Und die Bühne kann gnadenlos sein. Mephisto zu spielen, Wotan zu singen, Mahler zu dirigieren – da muss man fit sein wie ein Hochleistungssportler, muss ein mnemotechnisches (Gedächtnis-) Wunder vollbringen und handwerkliche Spitzenleistungen in künstlerische Energie umsetzen. Dieses Koordinatensystem muss perfekt funktionieren, lässt im Alter aber nach. Auffällig ist das vor allem bei Pianisten. Sie werden älter als andere Musiker, nicht selten über 90 Jahre wie Arthur Rubinstein oder Wilhelm Kempff. Trotzdem spielen sie lebenslang, hören selten, wie Alfred Brendel, rechtzeitig auf. Natürlich gibt es Sternstunden im hohen Alter, aber auch Peinlichkeiten nehmen zu. Als traurige Ritter von der Pedale werden sie, wie die Pianistin Elly Ney, verspottet. Dirigenten haben es leichter. Orchester können sie zwar vernichten, aber auch über Alter und

Krankheiten hinwegretten wie Otto Klemperer, Herbert von Karajan, Kurt Masur. Zumindest menschlich ist das anrührend. Am schwersten haben es Sänger. Ihr Instrument ist ihre Stimme, fragiler als jede Violine. Sie müssen ihre Stimme entwickeln und zugleich schonen, was besonders schwer ist, wenn Ruhm und Gagen locken. Selbst Maria Callas und Montserrat Caballé erlagen dieser Versuchung.

Mangelnde Selbstkritik zerstört Legenden. So wünscht man sich für rechtzeitige Abschiede goldene Regeln. Doch auch hier gilt: Die goldene Regel ist, dass es keine goldene Regel gibt. Stammt auch von Bernard Shaw.

Das große Sommertheater

Man stelle sich vor, unsere Fußballer wären Weltmeister geworden: Frau Merkel wäre zum Endspiel nach Moskau geflogen, hätte Putin hofiert, den Spielern die Medaillen umgehängt, sie in Berlin gefeiert und mit einem gemeinsamen Besuch der Bayreuther Festspiele belohnt. Dort wären alle ohne Ansehen der ethnischen Abstammung als deutsche Meisterspieler im Finale der „Meistersinger" gefeiert worden; denn sie hätten ja alle bösen und nicht nur die welschen Geister gebannt. Anders als bei der Nationalhymne hätten Neuer, Müller, Khedira, Özil und Co. vermutlich sogar das Chorfinale „Ehrt eure deutschen Meister" mitgesungen.

Doch das Unvorstellbare war eingetreten: Aus der historischen Mission war ein historisches Desaster geworden, statt Titelverteidigung der deutsche Untergang. Man hörte von Jonny Cash „Hurt“ und einen Slogan mit beißender Ironie: „Best never rest“. Das Land war zerrissen: Die eine Hälfte war erleichtert, die andere goss aus Enttäuschung Hohn und Spott über das Team aus. Die Experten hatten natürlich alles geahnt, die Händler verramschten die Fanartikel, die Sponsoren kündigten viele Verträge, Politiker und Funktionäre sparten Spesen, die Spieler ließen die Hosen herunter (O-Ton Müller) und gingen baden. Die wirklichen Fußballfreunde aber trauerten. Sie sind mir die liebsten. Sie sollten getröstet werden. Dafür bietet das Theater zwei Möglichkeiten an.

Große Schrecken müssen emotional verarbeitet werden, am besten im Kollektiv. Das war die Wirkung der alten griechischen Tragödie. In diesem Geiste sollten Fans und Team gemeinsam in der Berliner Waldbühne (immerhin 23 000 Plätze) Wagners „Ring“ besuchen (geht auch als konzertantes Digest) und dabei erleben, wie „selbstherrlich“ auch andere Götter und Helden agieren und wie pompös sie untergehen. Als selbstherrlich hatte Herr Löw, der es den Politikern nachmacht und sitzen bleibt, das Team und sich bezeichnet. In der „Götterdämmerung“ allerdings erhebt sich über dem Untergang ein Erlösungsmotiv, das Hoffnung auf einen Neubeginn macht. Dieses Theatererlebnis könnte eine schöne emotionale Entlastung sein.

Eine andere Form von Kunsttherapie findet man im Barockzeitalter. Berühmte Architekten und Ingenieure wie die Familie Galli-Bibiena, die Väter und Söhne Burnacini, Parigi, Vigarini oder Giacomo Torelli inszenierten damals grandiose Gesamtkunstwerke, mit denen sie das Elend der Zeit zudeckten. Anlässe für diese Spektakel, die tagelang dauern konnten, waren nicht nur Hochzeiten, Jubiläen und Siege, sondern auch Trauerfeiern, in denen Ruhm und Vergänglichkeit gleichzeitig zelebriert wurden. Ein derartiges „Pompe funèbre“ hätten auch die Fußballfans verdient, würdig gestaltet und unterlegt mit schwermütiger, heroischer Musik von Händel (Largo aus „Xerxes“), Beethoven (Marcia Funebre aus der „Eroica“), Chopin (3. Satz aus der2.Klaviersonate) oder Wagner (Siegrieds Trauermarsch). In Wien und Bayern weiß man bis heute, dass eine Leichenfeier „a schöne Leich“ sein sollte, also würdig und ein wenig lustig. Das Leben geht weiter.

Ein „Pompe funèbre“ böte den Fans die Chance, gemeinsam zu trauern, sich an die Helden von Rio zu erinnern und die Klageweiber von heute zu vergessen. Lieb Vaterland, magst ruhig sein – in zwei Jahren kommt die EM und in vier die WM. Ein Wimpernschlag im Weltgefüge.

Die Fußballerisierung der Medien

„Gelandet“ – das war die Top-Meldung in allen Medien am 12. Juni 2018. Die Fußballnationalmannschaft war nach Moskau geflogen, DFB-Manager Oliver Bierhoff ging als erster, Fähnchen in der Hand, die Gangway hinunter, Trainer Löw folgte, ein paar Fans klatschten. Sonst nichts. Diese Nachricht vom Nichts hörte, sah und las man in allen Medien, in der „Heute"-Sendung des ZDF war es die dritte Topmeldung nach dem Trump-Kim-Gipfel in Singapur und dem Urteil des BVG zum Streikrecht. Man war ja auf dem Weg zur historischen Titelverteidigung und war ohne Bruch- oder Bauchlandung gut gelandet. In feudalen Zeiten hätte man noch über die Verdauungsprobleme der Hoheiten berichtet.

Fußball war einmal die schönste Nebensache der Welt und keine Weltanschauung. Man hörte Spiele im Radio, las die Berichte im Sportteil der Zeitung, später kam Fernsehen hinzu. Theateraufführungen nahmen Rücksicht auf Liveübertragungen, sieben Autogrammkarten von Herbert von Karajan tauschte man gegen eine von Gerd Müller; das war der Bomber der Nation. Immer waren Fußballhelden populärer als Opernhelden. Dennoch besuchen in Deutschland mehr Menschen Theater und Konzerte als Fußballspiele. Der Deutsche Bühnenverein zählte kürzlich mehr als 39 Mio. Besucher; zu den Spielen der drei Profiligen kamen 21 Mio., zum breiten Rest 7 bis 8 Mio.

Ganz anders ist die Verbreitung in den Medien. Da ist Fußball nicht ein König, sondern ein Diktator. Das hat vor allem mit Geld zu tun, genauer: mit Fernsehgeldern, angeheizt durch die Privatsender. Lizenzen für Milliarden, Ablösen von 200 Mio., Jahresgehälter von 20 Mio. aufwärts, netto versteht sich. Diese gigantische Unterhaltungsindustrie drängt sich in alles hinein. Es gibt kein

Zeitungsresort mehr, das fußballfrei ist. Politik, Wirtschaft, Feuilleton, Gesellschaft, Reise – überall berichtet, analysiert man Fußballfragen, die wichtigen wie die nichtigen. Kulturthemen haben das nie geschafft.

Noch radikaler ist es im Fernsehen, dort verdrängt Fußball alles: Nachrichten, Filme, Kultur. Ein Fußballpiel dauert meist 90 Minuten, eine Sendung darüber das Doppelte oder Dreifache. Je höher die Lizenzkosten, desto länger die Sendezeit. Reichweiten sind garantiert, egal wie langweilig jeder Grashalm des Stadionrasens von Experten seziert wird.

Bierhoff nannte Fußball mal die „vierte Macht im Staate". Ob er damit die Gewaltenteilung meinte? Die Nationalmannschaft zumindest soll eine Instanz für Werte und Moral sein, eine nationale Institution, umsorgt von Kanzlerin und Bundespräsident. Pressekonferenzen geraten zu Regierungserklärungen. Der Rücktritt des beleidigten Sandro Wagner wird in vielen Leitartikeln tiefgründig analysiert, das Verhalten von Mesut Özil und Ilkay Gündogan wird zu einer Staatsaffäre. Sollen sie nun als Wahlkampfhelfer für Erdogan gebrandmarkt oder als Helfer bei der Mission „historische Titelverteidigung" hofiert werden? Ein Eiertanz in Politik und Medien. Prognose: Sieg oder Niederlage werden über die Moral entscheiden.

Glaubt man den Medien, so wäre Desinteresse am Fußball eine soziale Störung. Armes Deutschland! Denn Umfragen belegen, dass fast die Hälfte der Deutschen kein gesteigertes Interesse am Fußball hat und die WM-

Vergabe an Russland falsch findet. Man kann also gelassen sein, 90 Minuten Fußball genießen und sich freuen, wenn die bessere Mannschaft gewinnt.

Ein Freund des fußballbegeisterten Pianisten Igor Levit verglich die Stimmung in der Elbphilharmonie mit der in der Anfield Road in Liverpool; das Stadion gilt als Hexenkessel, in dem derzeit der deutsche Trainer Jürgen Klopp arbeitet. Dieses Kompliment wäre noch schöner, wenn man es umdrehen könnte. Klopp, übernehmen Sie.

Da capo – Sinn und Unsinn von Zugaben

Wenn uns etwas günstig oder gar umsonst angeboten wird, reagieren wir nicht vernünftig, sondern emotional. Man muss nur erleben, wie ein Büfett à discrétion gerade auch von wohlhabenden Menschen gestürmt wird. Mit Hunger hat das nichts zu tun. Von der Verführung, etwas umsonst zu erhalten, lebt nicht nur die Geschäftswelt, sondern auch der Musikbetrieb mit seinen vielen Formen von Zugaben. So sagen die meisten Menschen, Zugaben krönen, nur wenige meinen, sie ruinieren ein Konzert. Im Schauspiel stellt sich diese Frage nicht. Jede Wiederholung oder Zugabe würde das Stück kaputtmachen. Im Popkonzert dagegen ist die Zugabe fester Bestandteil des Programms, ist streng ritualisiert, gespickt mit Hits, um einen kommerziellen Nachklang zu garantieren. Udo Jürgens‘ Ritual war, dass er Zugaben stets im weißen Bademantel gab, eine etwas alberne, aber harmlose Geste, lange vor der MeToo-Bewegung, durch die der weiße Hotelbademantel zum Schurkenrequisit wurde. Im Klassikkonzert gibt man sich natürlich vornehmer, verzichtet auf Bademäntel, aber nicht auf Zugaben mit kommerziellen Absichten, vor allem wenn das Konzert eine Promotionstour für eine neue Schallplatte ist.

Zugaben in der Form von Wiederholungen gibt es seit Beginn der Oper. Die sogenannte da capo-Arie mit ihrem glanzvollen Höhepunkt in der Barockmusik hatte eine A-B-A Form und bot dem Sänger im dritten Teil die Chance, den ersten Teil mit Verzierungen so virtuos auszustatten, dass das Publikum viele Wiederholungen forderte. Dadurch wurde auch der Marktwert des Sängers gesteigert. Begeistert von Virtuosität oder ergriffen von Emotionalität forderte das Publikum nicht nur in der Oper, sondern auch im Konzert immer wieder Wiederholungen und bekam sie. Fast jedes Stück aus „Figaros Hochzeit" von Mozart musste bei der Uraufführung in Wien 1786 wiederholt werden, und da die Begeisterung anhielt und die Aufführungen chaotisch wurden, verbot der Kaiser jede Form der Wiederholung. Auch der zweite, langsame Satz von Beethovens 7. Sinfonie musste bei der ersten Aufführung 1817 wiederholt werden. Später breitete sich in der Klassik Ehrfurcht und Stille aus, Applaus innerhalb von Konzerten oder gar Wiederholungen von Teilen sind bis heute verpönt. In der Oper werden Arien beklatscht, aber nicht wiederholt. Nur in Italien kennt man bis heute die schöne, lautstarke Steigerung von „bene", „bravo", „bis"; noch einmal also. Aber Zugaben nach Opern oder Sinfonien gibt es auch in Italien nicht. Mit dem Finale ist überall Schluss. Zugaben nach Mahlers „Auferstehungssinfonie“ oder nach Schuberts Quintett op. 163 D 956 würden die Wirkung dieser Werke ruinieren.

Ganz anders ist die Situation bei Konzerten mit Solisten. Zugaben, auch „Encores“ genannt, sind keine Wiederholungen, sondern kurze Stücke, mit denen der Solist sein Können demonstriert und unseren Beifall belohnt. Sänger neigen zu Hits, Pianisten und Geiger zu Intensität, wie kürzlich in Baden-Baden Ray Chen mit den Zugaben Caprice 21 von Paganini und Gavotte und Rondo von Bach nach dem Violinkonzert von Jean Sibelius. Ein Meister der Zugaben ist der Pianist Grigory Sokolow. Sechs Zugaben sind es mindestens und damit 30 bis 40 Minuten zusätzliches Programm. Der argentinische Pianist Bruno Leonardo Gelber dagegen gibt nie Zugaben, und auch Keith Jarrett geizt. Doch für die meisten Solisten ist die Anzahl der Zugaben ein Gradmesser des Erfolgs, sie haben die Noten parat, sagen die Zugaben mehr oder minder verständlich an oder lassen - für mich unhöflich - das Publikum raten.

Die Zugaben aller Zugaben sind „Donauwalzer“ und „Radetzkymarsch“, sie krönen das Wiener Neujahrskonzert und müssen erklatscht werden, bis Musiker und Publikum eine selige Einheit bilden. Da kommt keine Barock-Arie mit.

Fragen Sie mal, liebe Leser, Freunde und Kollegen, was in den letzten Tagen in einem englischen Schloss, im Berliner Olympiastadion und in einem Haus in Jerusalem geschah? Ich habe es getan und eindeutige Antworten erhalten. Über die Ereignisse in Jerusalem weiß niemand Genaues; gewiss, sie liegen fast 2000 Jahre zurück, doch bis heute schenkt uns dieses Pfingstereignis viele freie Tage, die wir nicht zwangsläufig im Stau verbringen müssen. In Berlin, das war am Sonnabend, brauste beim Fußballpokal-Endspiel zwar nicht der Himmel wie weiland in Jerusalem, wohl aber das Stadion und das besonders in den letzten Minuten. Bei diesem Fußballthema hört man sofort, dass man nur von Experten (und einigen Expertinnen) umgeben ist. Das dritte Ereignis, die Hochzeit von Meghan Markle und Prinz Harry, lieferte den Beweis, dass wir und weltweit eine weitere Milliarde Menschen Royalisten sind. In der Tiefe der Gefühle und im Wissen über alle Details sind uns dabei die Frauen überlegen und speichern die Bilder in einer Endlosschleife. Wir Männer beherrschen uns, überlassen die Tränen den Frauen oder den Fußballern. Doch mitreden können wir auch.

Die englische Königin, die bei dieser Hochzeit sehr diskret blieb, imponiert mir wegen ihrer Disziplin und ihrer Vorlieben für Pferde, Hunde und gute Drinks. Das tägliche Händeschütteln und Ordenanheften neide ich ihr nicht, eher schon die Drinks. Einer von diesen, der sogenannte „Queen Mom's Cocktail“, scheint, wenn man ihn zweimal täglich trinkt, nahezu ewiges Leben zu verheißen. Mit diesem Cocktail gewappnet erlebte ich vor dem Fernseher die Hochzeit. Die Inszenierung war opulent, jede Hauptrolle perfekt besetzt, jeder Statist vom Feinsten, und das Liebespaar, das zum Ehepaar wurde, war ein Traum. Aus Amerika kam der Bischof Michael Curry, der das Feuer der Liebe entfachte und die Gäste zum Lachen und Weinen brachte. Über allem, auch über den Hut-Orgien der Damen, lag ein Sound, der mit seiner Emotionalität tief bewegte. Auf Stars hatte man ebenso verzichtet wie auf bekannte Hits, etwa aus Mendelssohn „Sommernachtstraum" oder Wagners „Lohengrin". Alle Musiker kamen aus England, viele mit afrikanischen Wurzeln; der würdige Christopher Warren-Green dirigierte und der 19jährige Sheku Kanneh-Mason spielte drei Arrangements für Cello; der St.George's Chapel Choir sang die anglikanische Liturgie und The Kingdom Choir die Gospels „Stand By Me" und „This Little Light of Mind". Wie selbstverständlich mischten sich Gregorianik, Barock, Romantik und Gospel, hoben die dummen deutschen Schranken von „E- und U-Musik" auf. Denn so unterschiedlich die Musiksprachen mit ihrer Feierlichkeit oder Lebenslust auch sind, gemeinsam ist ihnen die Emotionalität. Wie etwa Karen Gibson den Gospelchor dirigiert, den sie erst vor 20 Jahren gegründet hat, mit dieser Körper- und Musiksprache würde sich jeder weiße Europäer lächerlich machen; bei ihr ist es eine Offenbarung tiefster Gefühle.

Die Hochzeit ist natürlich auch eine riesige Geldmaschine. Am 1. Juni erscheint die CD mit allen Musikstücken der „Royal Wedding". Wenn man die Bilder im

Kopfkino hat, die Verliebtheit des Brautpaares, die Feierlichkeit der Zeremonie, die Intensität, mit der musiziert wurde (einen großen Anteil daran hatten die Musiker mit afrikanischen Wurzeln) und die Fascinators, diese phantasievollen, an Fliegende Untertassen und Topfpflanzen erinnernden Kreationen auf schönen Dauerwellen – wenn man diese Bilder im Kopf hat, dann sollte man zugreifen. Oder man schafft sich seine eigene Emotionalität. Mit diesem Sound sollte es gelingen. Zumindest verscheucht er öde Gedanken an den Brexit.

Henning Mankell: Übernehmen Sie

Vor zwei Wochen kommentierte ich an dieser Stelle den Skandal um den Musikpreis „Echo“ und schloss mit dem Satz: „Am besten schafft man ihn ab.“ Die Tinte – hätte man früher gesagt – war noch nicht trocken, da kam die Meldung, dass er abgeschafft ist. Und nun der Skandal um den Nobelpreis für Literatur. Abschaffen? Kaum, aber ein Fall für den schwedischen Krimiautor Henning Mankell – im Himmel.

Von manchen Jugendsünden trennt man sich nur schwer. Eine war gewichtmäßig besonders schwer: Meine Vorliebe für Gesamtausgaben jeglicher Art: Dichter, Philosophen, Musiker. Man besaß sie und las sie, sagen wir mal, selektiv. Aber eine Wohnung ohne Bücher ist ja wie ein Körper ohne Seele. Gerade als mein Anschaffungsdrang nachließ, fiel mir meine Frau in den

Rücken und schleppte in sieben stabilen Bananenkisten die Sammlung der Nobelpreisträger für Literatur an. Soll ich diesen dekorativen Staubfänger jetzt entsorgen?

Die Geschichte dieses Preises ist reich an Geheimnissen, Zeremonien, Geld, Kuriositäten und Irrtümern. Mit Leo Tolstoi hätte die Geschichte 1901 würdig beginnen können, aber man erwählte Sully Prudhomme; heute unbekannt wie sehr viele der 113 Preisträger, die ihm folgten. Viermal wurde der Preis geteilt, siebenmal nicht vergeben. Jean-Paul Sartre lehnte ihn ab. Die Liste der Männer und Frauen, die den Preis nicht erhielten, ist lang und prominent. Trotzdem steht der Preis geradezu sprichwörtlich für Ruhm und Ehre, ist die Krönung eines Dichterlebens. Mehr geht nicht. Das Preisgeld ist hoch. Man verzichtet ungern auf derzeit 750 000 Euro. Da hatten es die „Echo“- Preisträger leichter, die ihre Blechtrophäen der Phono-Akademie medienwirksam vor die Tür warfen.

Nun wird der Nobelpreis für Literatur 2018 auf nächstes Jahr verschoben. Man wird im Oktober keinen neuen Preisträger ausrufen; das war wie der weiße Rauch bei einer Papstwahl. Die Ursachen für den Skandal erfährt man, wie üblich, schrittweise. Es ist ein explosives Gemisch aus sexueller Belästigung, Geheimnisverrat und Vetternwirtschaft. Futter für Henning Mankell.

Die 18 Mitglieder der Schwedischen Akademie entscheiden über den Nobelpreis. Sie galten als integer und unabhängig. Aber Macht nagt an der Integrität. Im letzten Herbst bezichtigten 18 Frauen, ermutig durch die

Metoo-Bewegung, den sehr seriös auftretenden Ehemann eines Mitglieds der Akademie, sie sexuell missbraucht zu haben; selbst die Kronprinzessin Victoria habe er belästigt. Man verkehrte in hohen Kreisen und kehrte die Sache unter den Tisch. Dann erfuhr man, dass auch die Ehefrau ihre Dienstpflichten locker nahm, frühzeitig Preisträger zum finanziellen Vorteil ihres Mannes verraten hat. Nun krachte es gewaltig. Schmutzige Wäsche wurde gewaschen, neue Details wurden ruchbar. Acht Mitglieder legten ihr Amt nieder, das öffentliche Ansehen ist im Keller, die Polizei ermittelt. Auch beim Nobelpreis haben, wie beim „Echo", die Gremien versagt. Die Mitglieder der Akademie sind auf Lebenszeit ernannt, dennoch muss dieses Gremium komplett aufgelöst und neue Mitglieder müssen auf Zeit gewählt werden.

Nun warten wir auf den nächsten Skandal. Gerüchte über Intrigen bei den großen Pianisten-Wettbewerben gibt es seit langem. Die amerikanische Filmakademie, die die „Oscars" vergibt, scheint gefeit zu sein, nicht, weil sie vorsorglich Roman Polanski und Bill Cosby rausgeworfen hat, sondern weil sie mehr als 5500 stimmberechtigte Mitglieder hat. So viele Schurken auf einem Haufen gibt es hoffentlich nicht.

Meinen dekorativen Staubfänger werde ich abstauben und entdecken, dass der Lack ab ist. So schwinden die Ideale der Jugend.

Das laute Echo auf den „Echo“ Skandal

Kannten Sie, liebe Leser, den Musikpreis „Echo“ vor dem Eklat? Seit 1992 gab es den Preis für Unterhaltungsmusik, seit 1994 für Klassik. Einst war er ein Nischenprodukt, dann blähte er sich immer mehr auf zum – so die Eigenwerbung – renommiertesten Klassikpreis der Welt, dessen Verleihung mit ungenierter Hilfe des Fernsehens als Höhepunkt des Musikjahres zelebriert wurde. Bescheidenheit kann man von PR-Experten nicht verlangen, Frechheiten aber muss man widersprechen und zum Beispiel an den Siemens-Musikpreis erinnern, der eine Art Nobelpreis ist. Jetzt hat eine Preisverleihung des „Echos“ einen Skandal ausgelöst. Und obwohl sich viele Künstler distanzieren, muss man fragen, wie ernsthaft, wie scheinheilig ist die aktuelle Diskussion? Denn an Warnungen und Kritik hat es nicht gefehlt. Deftig nannte der Kabarettist Jan Böhmermann den „Echo“ eine Kommerzkacke; heftig war auch die Kritik der Musikjournalistin Eleonore Büning.

Die Preise vergab die Deutsche Phono-Akademie. Das hört sich zunächst gut an. Doch diese sogenannte Akademie ist samt Vorstand und Jury eine Einrichtung der kommerziellen Musikwirtschaft. In der Jury sitzt kein Künstler, Kritiker, Wissenschaftler. Begründet werden die Preise nicht, aber jeder kennt das Hauptkriterium: Absatzzahlen. Dafür braucht es keine Jury, ein zuverlässiger Buchhalter genügt. Das wäre ok. Aber in Deutschland muss ein kulturelles Feigenblatt den nackten Kommerz schamvoll verdecken, und so vergab man in der Klassik auch Preise an Künstler, die keine Charts anführen. Ohne Begründungen, was bisher niemanden gestört hat. Preisträger wie Matthias Goerne, Yaara Tal oder Mariss Jansons stehen neben den Chart-Diven Cecilia Bartoli (14 mal dekoriert), Anna Netrebko (11 mal) oder Anne-Sophie Mutter (9 mal). Alle haben mit den Preisen ihre Viten geschmückt, Werbung gemacht. Der „Echo"-Queen Helen Fischer (17 mal) nehme ich das nicht übel, aber die unkritische Haltung vieler Musiker aus der Klassik verwundert schon - zurückhaltend ausgedrückt.

Jetzt haben die deutschen Rapper Kollegah und Farid Bang den Preis erhalten. Deren Texte sind aggressiv antisemitisch, rassistisch, sexistisch (wo bleibt Metoo?), gewaltverherrlichend. Sie sind seit langem bekannt, haben in Schulhöfen und sozialen Medien ein Millionenpublikum und wurden nun für das Riesengeschäft mit ihrem Album „Jung. Brutal. Gutaussehend 3" geehrt und im Fernsehen präsentiert. Das ist konsequent und abscheulich. Trotzig rechtfertigt die Jury ihre Entscheidung mit der Kunstfreiheit; einige Funktionäre treten zurück, andere fordern, die Statuten (keiner kennt sie) zu überarbeiten. Die Mehrheit der Preisträger schweigt, viele Künstler protestieren und geben ihre Preise zurück. Die Liste ist lang und prominent, reicht von Marius Müller-Westernhagen über Igor Levit bis zu den Dirigenten Enoch zu Guttenberg, Mariss Jansons und Daniel Barenboim. Einige winden sich wie die kluge Pianistin Yaara Tal (die mit Andreas Groethuysen ein wundervolles Klavierduo bildet): Sie behalte die Preise, weil sie zu ihrer Vita gehörten, eine Rückgabe wohlfeil sei und nichts bewirke; denn der wirkliche Skandal liege in der gesellschaftlichen Akzeptanz dieser Battle-Raps. Diese Diagnose ist ohne Zweifel richtig, aber wohlfeil hinsichtlich der persönlichen Haltung. Eine Rückgabe ist wenigstens ein Signal.

Notwendig ist eine radikale gesellschaftliche Wurzelbehandlung und notwendig ist es, die Mittäterschaft des „Echo“ Preises anzuprangern. Am besten schafft man den Preis ab. Nachsatz um 16 Uhr: Und das ist nun geschehen. Bravo.

Lobgesänge und Verrisse

Einer meiner Lehrer war der berühmte Musiksoziologe Kurt Blaukopf. Er trichterte uns ein, dass zu jeder Musikkritik die Tageszeit, der Ort und das Verhalten des Publikums gehören, also, ob das Konzert vormittags oder abends stattfindet, in einem großen oder kleinen, voll oder mäßig besetzten Saal, ob das Publikum jung oder alt, naiv oder routiniert, begeistert oder enttäuscht ist. Ebenfalls zu beachten sei, dass die Erwartung auch von der Höhe des Eintrittsgeldes abhänge und Grippezeiten vor allem Kammermusik gefährden. Der Pianist Alfred Brendel wandte sich mal an sein hustendes Publikum mit dem Satz: „Ich kann Sie hören, Sie mich aber nicht.“

So kann der Kritiker eine Aufführung einkreisen. Und dann? Locker bleiben mit Anekdoten, Tratsch und Themen wie Sex, Kinder und Haustiere unterhalten; das interessiere jeden Leser, sagt Readerscan ; dort wird Leserverhalten elektronisch ermittelt. Dennoch sollte man bei der Beschreibung der Werke, Autoren und Musiker seriös und verständlich bleiben; kein Leser muss Opuszahlen und Tonarten kennen. Richtig schwierig wird es, den einmaligen, flüchtigen Eindruck der Aufführung selbst zu beschreiben. Da triumphiert trotz vieler Erfahrung die Subjektivität getreu dem Abzählreim: „Ich sehe was, was du nicht siehst“ (zu ergänzen durch „Ich höre was…“). In den Kritiken zum „Parsifal“ in Baden-Baden war man sich einig, dass das Orchester weltklasse, Franz-Josef Selig als Gurnemanz hervorragend und Simon Rattle interessant waren. Ansonsten prallten Lob und Verriss heftig aufeinander. Für die einen war Kundry falsch, für die anderen charismatisch besetzt, Parsifal nur monochrom oder voll tenoraler Zärtlichkeit, und selbst Rattle, vor dem alle Respekt haben, fehle es für Wagner an Opulenz und Transzendenz; es „wabere“ nichts. So kann ein Verriss zum Kompliment werden. Doch richtig zur Sache ging es, wie üblich in der Oper, bei der Inszenierung. Für die Bühne gab es wenig gute Worte (auch der Schreiber dieser Zeilen fand sie nicht). Einige versuchten sich in Deutungen von der Shakespeare-Bühne bis zum Holocaust-Mahnmal in Berlin. Extrem auseinander lagen Wahrnehmung und Wertung der Regie: fulminant für die einen, trostlos für die anderen. Hier wird Meinungsstärke als objektive Wahrheit ausgegeben. Am besten im Superlativ. Egal, ob der junge Franzose Raphael Pichon zum weltbesten

Bach-Dirigenten oder ein Lokal im Tessin zum weltbesten Bahnhofsrestaurant ausgerufen wird – die Welt ist geduldig und jedem Superlativ hörig.

Man sollte vieles nicht so ernst nehmen. Auch unsere Kritiken nicht. Es sind nur Annäherungen, abhängig nicht nur von Wissen und Erfahrung, sondern auch von subjektiven Befindlichkeiten wie Stress, Frust, Ehekrach, Müdigkeit, Hunger, Durst usw. Und schließlich gibt es die objektive Schwierigkeit, Musik in Worte zu fassen. Viele meinen, schreiben oder reden über Musik gehe nicht; man kann sie machen, man kann sie hören. Das sei alles. Dazu gibt es das schöne Sprichwort aus der Popszene: „Writing about music is like dancing about architecture". Falls dies Wort, wie gebildete Menschen meinen, von Clara Schumann stammt, muss es natürlich heißen: Über Musik schreiben ist wie über Architektur tanzen. Blödsinn also.

Wagner – ein Fall für Vorurteile

Von Woody Allen stammt das Bonmot „Wenn ich Wagner höre, habe ich den Drang, in Polen einzumarschieren." Zum Walkürenritt fielen im Film die Bomben auf Vietnam, Siegfrieds Trauermarsch aus der „Götterdämmerung" wurde zu allen heroischen Anlässen des Nationalsozialismus und zu Lenins Begräbnis gespielt, „Rienzi" wurde nicht nur von Hitler vereinnahmt, sondern auch von der Oktoberrevolution zum 6. Jahrestag.

War Wagner also ein Staatsmusikant, wie ihn Karl Marx nannte?

Vor langer Zeit war Wagner mein Arbeitgeber. Ich hatte studiert, aber keinen Job. Für Lehrlinge gab es damals keinen Dienstwagen, wie heute in manchen Industriezweigen. Ich kannte Mozart, aber nicht Metallurgie. Mir drohte eine Praktikanten- Laufbahn. Wenn überhaupt. Da kam mir Wagner in Gestalt einflussreicher Professoren zu Hilfe. Die suchten Hiwis (das sind hilfswillige Knechte) für die Erforschung des 19. Jahrhunderts inklusive Wagner. Ich griff zu, meine Miete musste ich zahlen und von Wagner wusste ich eine Menge.

Vor allem wusste ich, dass seine Opern mit schwachsinnigen Texten lang, laut, schwülstig, germanisch sind. Mit „Wagalaweia“ und „Hojotoho“ brachte ich jedes Mädchen zum Lachen. Wagner selbst war opportunistisch, größenwahnsinnig und abscheulich antisemitisch; und ein Staatsmusikant, der vergeblich um Bismarck buhlte. Marx konnte nicht irren. Andererseits: Schurken sind interessanter als Heilige.

Mit Vorurteilen lebt es sich bequem; das lernte ich langsam. Auch, dass Wagner kein einfacher Fall ist. Mozart lieben alle, Wagner polarisiert gewaltig. Er bestätigt viele Vorurteile, aber die meisten widerlegt er bei genauem Hinsehen und Hinhören. Hier einige Beispiele.

Die frühen Opern haben Mozart-Länge, die späten ab „Meistersinger“ sind etwa eine Stunde länger; da bekommt man mehr für sein Eintrittsgeld, braucht aber Geduld und gutes Sitzfleisch. Das Orchester ist riesig, mit viel Blech ausgestattet. Da gibt es sehr laute Passagen wie den Walkürenritt, aber wahrscheinlich gibt es viel mehr leise Stellen wie das Waldweben im „Siegfried“. Schwülstig wird es nur, wenn der Dirigent den raffinierten Klang dick als Brei serviert. Germanisch sind die verstaubten Requisiten, ansonsten wird der Untergang der Rasse im „Ring“ demonstriert. Krachend bricht in der „Götterdämmerung“ Walhall zusammen, und nur leise, ganz leise erhebt sich darüber in den Geigen und Flöten das Erlösungsmotiv. Das muss man gut balancieren. Wagner verträgt keine schlechten Orchester und Dirigenten. Seine Geschichten vom „Holländer“ bis „Parsifal“ sind vor allem Mythen aus vielen Kulturkreisen. Die sprachliche Qualität der Texte - er schrieb alle selbst – ist sehr unterschiedlich; wenige, wie die „Meistersinger“, sind poetisch, viele klingen albern. Wenn man sie vorliest, hat man immer die Lacher auf seiner Seite – was billig ist, denn sie sind nichts ohne die Musik, haben lautmalerischen Charakter. Onomatopoesie nennt das die Wissenschaft. Schwieriger ist Wagners Charakter. Geldfordernd war er schon, aber er gab dafür der Welt seine Werke (an denen die Welt bis heute sehr gut verdient). Die Vereinnahmung und der Missbrauch durch die Politik, vor allem durch Diktaturen, kann man Wagner nicht anlasten. Der Philosoph Ernst Bloch hat das mit dem Satz „Die Musik der Nazis ist das Horst-Wessel-Lied, nicht der Trauermarsch“ klargestellt. Bleibt der Vorwurf des Antisemitismus. Da gibt es trotz vieler Alibi-Juden nichts zu beschönigen.

An diese Dinge ist zu erinnern, wenn bei den Osterfestspielen 2018 in Baden-Baden „Parsifal“ erklingt. Vorurteile verstopfen die Ohren. Das wäre schade.

Kleider machen Leute – von Berlin bis Hollywood

In der Schule mussten wir die Erzählung „Kleider machen Leute“ von Gottfried Keller lesen. Pflichtlektüre. Die Novelle kam nicht gut an. Der arme Schneidergeselle, der wegen seiner Klamotten mit einem polnischen Grafen verwechselt wird, eine Notlüge gebraucht, von der Tochter eines Amtmanns geliebt und zu einem reichen „Tuchherrn“ gemacht wird – ziemlich spießig, staubig, pures Biedermeier. Davon träumten wir nicht, ließen uns nicht korrumpieren von der Moral, dass eine Notlüge zum Erfolg führen und eine gute Partie nicht schaden kann. Unser Geist wehte im Weltall und hatte nichts verstanden.

Die Sterne und Sternchen der Filmbranche, die gerade ihr Schaulaufen in Berlin und Hollywood absolviert haben, werden diese Erzählung nicht kennen, obwohl sie mit Heinz Rühmann verfilmt wurde. Aber jeder kennt das Motto „Kleider machen Leute“ und sehr viele, die Frauen mehr als die Männer, leben danach, nicht nur in der Filmbranche. Dort ist das Motto frauenpolitisch aufgeheizt.

Bei der Berlinale schien der Dresscode wichtiger zu sein als der Wettbewerb. Nur hartgesottene Cineasten diskutierten über die Filme, aber jeder kannte und sprach über „Nobody's Doll". Es war eine kämpferische Losung, ausgegeben von der Schauspielerin Anna Brüggemann. Man mied alles „Puppenhafte", sah viel Schwarz und Bequem, Snaekers und Hosen statt High Heels und dekolletierte Abendkleider. Diese Unauffälligkeit erzeugte höhere Aufmerksamkeit als die Abendkleider, die glücklicherweise nicht ganz verbannt waren. Der Preis der textilen Demokratisierung ist hoch: Glanzverlust. Wir Männer haben bisher das Alltagsgrau beherrscht. Das reicht.

Im Wettbewerb waren vier deutsche Filme, einer von einer Frau. Doch sie gingen leer aus. Den Goldenen Bären gewann der sperrige, provokante Film „Touch me not" der Rumänin Adina Pintilie. Dieser Knaller passte vor allem gesellschaftpolitisch.

Erstaunlicherweise ging es in Hollywood gelassener zu. Der Dresscode wirkte nicht provokant, sondern elegant. Man sprach nicht über Puppenkleider, sondern über gut verteilte Oscar-Gewinner und vor allem über Frances McDormand, die als Hauptdarstellerin den Oscar erhielt und eine selbstbewusste, kämpferische Rede für die Rechte der Frauen und Außenseiter vor und hinter der Kamera hielt.

Für specialeffects erhielt Gerd Nefzer einen Oscar, was die oberste Bundeskulturbeamtin Monika Grütters zu der Stilblüte animierte: „Er ist ein wichtiges Ausrufezeichen für den Filmstandort Deutschland", will sagen:

Wir sind Oscar. Leider nicht die deutsch-kenianische Crew des schönen Kurzfilms „Watu Wote – All Of Us". Alles schien zu passen: ein politisches Thema sogar mit Happy End, eine Regisseurin, Frauen vor und hinter der Kamera. Meryl Strepp riet den Frauen: Zieht an, was ihr wollt; und nehmt kein Blatt vor den Mund. Um sicher zu gehen, hatte man sich von den Labels Herr von Eden, Estomo, Thorsten Lewin, Kavier Gauche einkleiden lassen (ich gestehe meine Unkenntnis dieser Hoffnungsdesigner). Doch die ganz große Bühne blieb der Crew und ihren Kleidern verwehrt. Wirklich schade.

Ob Kleider Frauen machen, ist umstritten. Dass Frauen Kleider machen, nicht. Im Kostümdesign gewinnen sie regelmäßig Oscars.

Schlag nach bei Mozart

Als der berühmte Tenor mit weicher Stimme im Festspielhaus Baden-Baden aus der Operette „Paganini" von Franz Lehár die Arie sang „Gern hab ich die Frau'n geküsst, hab' nie gefragt, ob es gestattet ist; dachte mir: nimm sie dir, küss sie nur, dazu sind sie ja hier!" warfen sich nicht wenige Zuschauer bedeutungsvolle Blicke zu. Und auch ich ertappte mich bei der Frage, ob dieses: ‚Nimm sie dir, egal, ob es gestattet ist', korrekt ist, ob die Operette gar auf den Index gehört.

Zumindest ratlos machen mich die fast täglichen Nachrichten zu diesem Thema, das neben dem Sport auch die Medizinbranche erreicht hat. „Grapscher im Op" und #DoctorsToo" titelt die „Medical Tribune" vor wenigen Tagen. In der Kultur säubert man fleißig: Kevin Spacey wurde ohne Rücksicht auf horrende Kosten aus fertigen Filme geschnitten, in Berlin soll ein Gedicht von Eugen Gomringer übermalt werden, in Paris wird ein Bild von Gustave Courbet kriminalisiert, in Manchester ein Bild von John W. Waterhouse abgehängt, in Hamburg eine Ausstellung von Bruce Weber abgesagt, und in New York forderten Tausende, ein Bild von Balthus aus dem Metropolitan Museum zu entfernen.

Man kommt ins Grübeln, denkt an Zeiten, in denen Bilder und Bücher verbannt und verbrannt wurden, hofft auf Artikel 5, Absatz 3 des Grundgesetzes, in dem die Kunstfreiheit garantiert wird, fürchtet, dass die gesellschaftlich wichtige #metoo – Bewegung Geister rief, die sie nicht mehr bannen kann. Leben wir in einer Zeit von Zensur und Säuberungen?

Spitzen wir die Sache zu und schlagen bei Mozart nach. Der hatte bekanntlich einen frivolen Charakter und seine Opern sind ziemlich sexistisch und gewaltandrohend: In der „Zauberflöte" droht der Mohr Monostatos Pamina, dass sie nur einen Weg habe, sich und die Mutter zu retten: Ihn zu lieben (2.Akt/11). In „Figaros Hochzeit" hat der Graf zwar auf das ius primae noctis verzichtet, doch er versucht trotzdem mit aller List, die von ihm abhängige Susanne ins Bett zu kriegen. In der „Entführung aus dem Serail" (2.Akt/1) stellt Osmin (wieder ein Muselmann) klar: „Ich dein Herr, du meine Sklavin." Und Blonde antwortet keck: „Mädchen sind keine Ware zum Verschenken." Osmin droht mit Gift und Dolch, will schließlich triumphieren und die Hälse zuschnüren. In „Così fan tutte“ werden Frauen zum Partnertausch mit männlichen Trickserеien verführt, weil es alle so machen. Und dann der Inbegriff von allem: Don Giovanni. Frauen als Ware, tausendfach. Versucht es sogar bei Donna Anna, deren Vater er ersticht. „Nein heißt nein“ scherte ihn gewiss nicht. Moralisten zum Trost: Zumindest bei Mozart gibt es immer Rettung oder Bestrafung. - Im Leben muss man die Vorwürfe sorgsam aufklären, aber Hände weg von der Kunst.

Muss ein Genie ein Schuft sein?

Unser Deutschlehrer hatte bei Walter Jens studiert, liebte rhetorische Stilmittel wie Hyperbel oder Anapher und überforderte uns damit hoffnungslos. Nur mit der Alliteration hatte er Erfolg; wenn er Fritz aufrief, sang die Klasse sofort: „Fischers Fritze fischt frische Fische“ und bei meinem Nachnamen spottete sie: „Milch macht müde Männer munter.“ Als ich später Wagner entdeckte und an Siegmunds Lippen hing, wusste ich sofort, dass „Winterstürme wichen dem Wonnemond“ eine glasklare Alliteration ist. Und nun Weinstein und Wedel. Da war Wagner nicht weit. Oder doch?

Die am Pranger stehenden Zeitgenossen haben wahrscheinlich ihre Macht missbraucht und jungen Frauen physische Gewalt angetan (vorerst mehr Indizien als Beweise). Das hat Wagner nicht getan und er steht in seiner künstlerischen Bedeutung Lichtjahre über den beiden anderen. Mit seinem Charakter allerdings hätte auch er bei #metoo schlechte Karten.

Wagners Selbstbewusstsein war größer als sein Erfolg zu Lebzeiten. Lapidar erklärte er, die Welt müsse ihm geben, was er brauche, denn er gebe der Welt seine Werke. Was er brauchte, waren vor allem Geld und Frauen. Geld beschaffte er sich skrupellos; log, betrog, ignorierte Schuldforderungen. Wiederholt drohte ihm Schuldhaft. Frauen sollten ihm „dienstbar" sein, als inspirierende Muse oder als dienende Ehefrau. Physische Gewalt hat er sicher nicht angewendet, aber die psychische war enorm. Zumindest seine erste Ehefrau Minna empfand das als Terror: „Muss ein Genie ein Schuft sein", klagte sie.

Moral und Kunst kollidieren oft. Von Goethe stammt der hübsche Satz: Wenn ihr an meinen Werken nichts auszusetzen habt, dann an meinem Charakter. Mozart ging mit den Weibsbildern sehr frivol um; seine Briefe sind aus heutiger Sicht geradezu pornographisch. Beethoven hatte es zwar nicht mit den Weibern, aber in Geldfragen war er nicht zimperlich, ein kleiner Wagner sozusagen.

Dieser Anspruch, das Genie heilige fast alles, gipfelt zwar bei Wagner, endet aber nicht mit ihm, vor allem nicht in der profanen Variante, dass schon der Erfolg fast alles erlaube. Dem leistet zwar das Künstlermilieu, man denke an die berühmten Atelierfeste von Hans Makart in München oder an die von Jörg Immendorff in Düsseldorf 100 Jahre später, Vorschub, aber entscheidend ist das Selbstverständnis der Täter. Oft war die Beziehung zwischen Maler und Model, man denke an Picasso, schiere Ausbeutung. Die Geschichten um Woody Allen und Roman Polanski sind mehr als jugendgefährdend. Rainer Maria Fassbinder war in vielerlei Hinsicht übergriffig, gefürchtet für seine Demütigungen am Set. Wollte Wedel ihn kopieren? Besonders gefährdet und gefährlich sind diejenigen, die Macht über andere haben, die Karrieren machen oder zerstören können wie Regisseure, Produzenten, Chefredakteure, Dirigenten, Agenten usw. Immer sind es die Erfolgreichen. Sie glauben, der Erfolg sei ein Freibrief und schütze sie. Das ist vorbei.

Sind wir bei genialen Künstlern nachsichtiger? Haben sie Narrenfreiheit? Genies „brauchen" und nehmen sich Dinge, die oft der geltenden Moral widersprechen. Wer würde heute noch Oskar Wilde wegen seiner Homosexualität ins Gefängnis stecken? Doch wer entscheidet über Genialität? Die Regeln der Moral und der Rechtsprechung liegen in der Gegenwart, die Genialität wird oft erst in der Zukunft erkannt.

Ein Schuft ist selten ein Genie, aber ein Genie ist nicht selten ein moralischer Schuft. Unser Deutschlehrer war weder das eine noch das andere, sondern nur ein guter Pauker.

Ein Schelm, der an Teufeleien denkt

In der heute leider vergessenen Komödie „Scherz, Satire, Ironie und tiefere Bedeutung“ von Christian Dietrich Grabbe verrät der Teufel, dass nur zwei Verse aus dem „Messias“ von Klopstock als „unfehlbares Schlafmittel“ genügen, und das seit fünfmalhunderttausend Jahren. Diese Wirkung hat auch das Kapitel „Kunst, Kultur und Medien“ im Protokoll der Sondierungsgespräche über eine GroKo.

Ob und wann eine neue Regierung steht, ist ungewiss. Die Fastenzeit böte sich symbolisch an, aber auch Ostern als Fest der Auferstehung oder Pfingsten als Fest himmlischer Erleuchtung. Grundlage aller Verhandlungen ist das Ergebnis der Sondierungsgespräche. Das Protokoll vom 12.1.18 hat 28 Seiten, das Kapitel „Kunst, Kultur und Medien“ steht auf Seite 27; letztes Kapitel, danach nur noch Anmerkungen zur Arbeitsweise. Ist das der Stellenwert der Kultur, wenn es politisch zur Sache geht? Auf die Bibel zu hoffen, die letzten werden die ersten sein, ist illusorisch. Der Stellenwert auf dem Papier kränkt zwar unsere Eitelkeit, doch entscheidend sind die konkreten Pläne. Davon liest man nichts auf diesen Seiten, dafür viele Allgemeinplätze („Kunst und Kultur sind Ausdruck des menschlichen Daseins. In ihrer Freiheit und Vielfalt bereichern sie unser Leben.“), Floskeln („Kultur und kulturelle Bildung für alle zugänglich machen“, „besserer Zugang zu kulturellen Einrichtungen und Inhalten“, „Verteilungsgerechtigkeit“ usw.), Platituden („Kunst und Kultur…prägen unsere kulturelle Identität“). Ein weichgespülter, sprachlich dürftiger Text mit netten Absichtserklärungen. Wie will man Verteilungsgerechtigkeit erreichen, wie den Zugang für alle herstellen, wie die Kultur- und Kreativitätwirtschaft (was ist das bloß?) stärken, den Sozialstatus von Künstlern bessern? Fortschrittlich soll die Kulturpolitik sein, doch niemand sagt, wohin sie schreiten soll. Zum Stichwort „Ohne Erinnerung keine Zukunft!“ (mit Ausrufezeichen) gibt es die Forderung, nicht nur die dunklen Seiten unserer deutschen Geschichte aufzuarbeiten, sondern auch „die positiven Momente.“ Moment mal - unser Deutschlehrer, er war ein harter Knochen, hätte Zeile für Zeile rot markiert und drunter geschrieben: Geschwafel. Man ärgert sich oder schläft ein – was gesünder wäre. Konkret ist nur der letzte Satz: Die Deutsche Welle wird für die Vermittlung von Meinungs- und Pressefreiheit als unverzichtbar erklärt. Die Kollegen in Bonn sind die Sondierungsgewinnler. Glückwunsch.

Von der AfD kann man lernen, wie man Schläfrigkeit der Kultur austreibt. Ihr Abgeordneter Marc Jongen wollte den Vorsitz im Kulturausschuss im Bundestag. Bis vor kurzem genoss Jongen den Schutz von Peter Sloterdijk, bei dem er promovierte und als Assistent an der HfG in Karlsruhe arbeitete. Als ein neuer Rektor kam, flog er raus. Nun wollte dieser Mann als Vorsitzender „die bisherige Förderung politisch korrekter Projekte herunter(zu)fahren.“ Das klang gar nicht unvernünftig, wäre da nicht der „AfD-Ideen-Müll“ (mit diesem Begriff distanzierte sich Sloterdijk recht spät von Jongen). Es gab - o Wunder - einen Aufstand der Kulturschaffenden, und die AfD erhielt u.a. den Vorsitz im

Ausschuss für Tourismus. Ob der Kulturausschuss, der so diskret agiert, dass ihn niemand kennt, aus seinem Dornröschenschlaf erwacht, bleibt abzuwarten. Klopstocks „Messias" sollten die Politiker lieber meiden. Ihre Kultur-Sondierungen auch.

Das neue Jahr, das alte Leid

So heiter und schwungvoll wie das Jahr 2018 mit dem Neujahrskonzert aus Wien begann, konnte es nicht weitergehen. Und in der Tat fegte kurz darauf nicht nur „Burglind" übers Land, sondern auch die Schlagzeile über sexuellen Missbrauch und Gewalt in der deutschen Kulturszene. „Burglind" war heftig und kurz, der Skandal wird sich vermutlich ausweiten. Doch der Reihe nach.

Chöre besingen die Weihnachtszeit, Orchester feiern den Jahreswechsel. Die Konzerte, ob im kleinen Fautenbach oder im großen Berlin, sind festlich, heiter, unterhaltsam, meist in der Form eines Potpourris. Überall ist die Begeisterung des Publikums so groß, dass man sich um die Zukunft der klassischen Musik keine Sorgen machen muss – zumindest in diesen Tagen. Die Mutter dieser vielen Konzerte ist das Neujahrskonzert der Wiener Philharmoniker im Goldenen Saal des Musikvereins. Musikalischer Champagner pur. Mit Galopp, Polka, Gavotte und Marsch stürmt man ins neue Jahr, in Walzerseligkeit gibt man sich seinen Träumen hin. Mehr als 50 Millionen Zuschauer in 94 Ländern erleben diesen Klassik-Hit. Im Saal wetteifern die Philharmoniker im Cutaway mit dem Publikum um Eleganz und

Aufmerksamkeit. Immer wieder sieht man die Spitzen des Staates, doch häufiger im Bild als Präsident und Kanzler zusammen ist Karin Bonelli mit ihrer Piccoloflöte. Die Kamera wirkt wie ein Statement: Seht her, diese junge, attraktive Frau ziert die Männerdomäne der Philharmoniker, beweist, dass das Orchester immer jünger und weiblicher wird. Allerdings ist der philharmonische Nachholbedarf bei der Frauenquote enorm.

Noch größer ist leider der Aufklärungsbedarf in den Missbrauchsfällen. Jetzt hat dieser Skandal auch die deutsche Kulturszene erreicht. Am Pranger steht der prominente, erfolgreiche Regisseur Dieter Wedel. Titelgeschichte im ZEIT-Magazin, Berichte in „Heute" und „Tagesschau", Zeitungssturm, Talkrunden, Empörung in den sozialen Medien. Eidesstattliche Erklärungen, Gegendarstellungen. Eine große Zeitung schrieb, nun fallen die Heroen der Kulturszene reihenweise wie die Helden vor Troja. Götterdämmerung, Männerdämmerung. Wo sich Macht und Sexualität verbinden, droht Unheil. Überall. Dirigenten sind nicht aggressiver als Manager, Regisseure nicht lüsterner als Personalchefs. Aber es gibt auch viele Fragen: Warum das lange Schweigen der Opfer? Scham, Angst? Warum das Schweigen der „Zuschauer", die jetzt sagen: Man habe es schon immer geahnt. Waren die Zeiten früher anders, die Sitten freier? Erliegen wir heute einem Tugendterror (das Wort stammt von einem früheren Bundespräsidenten)? Werden wir prüde wie die Amerikaner, die statt Erotik Waffen im Schlafzimmer haben? Schrumpfen Männer zu Angsthasen? Allein mit einer Praktikantin im Aufzug? Der Abteilungsleiter nimmt die Treppe (ist eh gesünder). Allein die junge Patientin behandeln? Der Arzt holt die MFA dazu. Vierhändig am Klavier? Nur unter Aufsicht. Schwierige Zeiten drohen.

Wenn Sie, liebe Leserinnen und Leser, sich dann nach der Leichtigkeit des Seins sehnen, zumindest zeitweise, besuchen Sie die Homepage der Wiener Philharmoniker und versuchen Sie Ihr Glück; bis zum 28. 2. 2018 können Sie teilnehmen an der Verlosung von Eintrittskarten für das Neujahrskonzert 2019. Ein nicht ganz billiges Vergnügen, aber garantiert ein Vergnügen ohne Reue.

Jahresrückblick 2017

Politisch gesehen war 2017 ein Trump-Jahr mit einem Jamaika-Ende in Berlin; Trump bot zuverlässig Empörungspotential, Berlin verhieß frohe Farben, blieb aber schließlich farblos. Nicht anders die Musik- und Theaterszene - so schien es lange Zeit. Wenige Aufführungen, zu denen man pilgern musste, kein Skandal, den man verpasst hätte. Frau Netrebko lüftete keine Bettgeschichten, sondern protegierte ihren Ehemann (das tun alle Ehepartner); Gergiev hofierte nicht medienwirksam Putin (das überließ er einem Altkanzler), sondern machte gute Musik in München und Baden-Baden; die Verpflichtung des Dirigenten Teodor Currentzis beruhigte die Wogen der Empörung über die SWR-Orchesterfusion; den Nobelpreis für Literatur erhielt wieder ein Dichter (Kazuo Ishiguro) und nicht ein Popstar (Bob

Dylan); nirgends Wunderkinder, außer am Klavier, da geht es zu wie in einem russisch-asiatischen Kinderhort. Abschiede von Intendanten (in Stuttgart gleich drei, in Baden-Baden einer) und dem Chef der Berlinale wurden feierlich angekündigt, aber noch nicht vollzogen und der „Echo", die Eigenwerbung nennt ihn den renommiertesten Klassikpreis der Welt, wurde nicht zum 15. Mal an Cecilia Bartoli, nicht zum 12. Mal an Anna Netrebko, nicht zum 10. Mal an Anne-Sophie Mutter vergeben, sondern an Matthias Goerne, Joyce DiDonato u.a. Man ist lernfähig, will das bissige Etikett loswerden, das Jan Böhmermann dem „Echo" verpasst hat: „eine seelenlose Kommerzkacke". Beim Oscar scheiterte mit Anstand der wunderbare Film „Toni Erdmann" von Maren Ade; nun ruhen die Hoffnungen auf „Aus dem Nichts" mit der grandiosen Diane Kruger.

Natürlich starben wie in jedem Jahr viele Menschen, also auch Künstler wie Georges Prêtre, Nicolai Gedda, Kurt Moll, Rainer Kussmaul, Jeanne Moreau und der beste deutsche Kameramann, den Hollywood kannte: Michael Ballhaus. Und selbst ein Kaiser verließ uns: Joachim der erste und letzte, der Kaiser der Musikkritik, der mit seinem Schwert vielen Künstlern den Ritterschlag gab und einige auch vernichtete. Davon träumten wir schon als Studenten.

Auch Joachim Kaiser hätte Vergnügen gehabt an einigen Leckerbissen im Festspielhaus Baden-Baden: an der „Pathétique" mit Kirill Petrenko und den Berliner Philharmonikern, am luftigen „Forellenquintett" mit Anne-Sophie Mutter und vor allem Daniil Trifonov, an der letzten Beethoven-Sonate (Nr.32), die Grigory Sokolov himmelwärts spielte. Das waren bewegende, nicht nur interessante Konzerte. Trifonov und Currentzis waren meine Helden des Jahres. Der eine überragt durch die Verbindung von Frische und Weisheit die Heerscharen junger Klaviergenies, der andere mischt Hörgewohnheiten kräftig auf; das konnte man bei der „Bohème“ in Baden-Baden und vor allem beim „Titus“ in Salzburg erleben. Das brachte Farbe ins Jahr. Doch es kam noch bunter.

Am Jahresbeginn stieg ein glänzender Phönix nicht aus der Asche, sondern aus dem Wasser: die Elbphilharmonie in Hamburg. Da gab's reichlich Freude schöner Götterfunken, auch wenn die Solostimme von Philippe Jaroussky in dieser Akustik luzider klang als alle Chöre dieser Welt. Schnell war das Debakel um die Baukosten vergessen, es waren ja nur Steuergelder, und warum sollen nur Flughäfen und Bahnhöfe explodieren, die Kosten natürlich. Doch zum Jahresende mischten sich Misstöne in die Philharmonie: Karl Lagerfeld, der verlorene Sohn der Stadt, zog mit einer Mode-Show in die heiligen Hallen ein, degradierte sie zu einer Eventbude, wie Klassikfreaks lästerten. Und einer zog aus. Thomas Hengelbrock, gut bekannt auch im Badischen, Chef des NDR Orchesters und damit – sozusagen – Gründungsdirigent der Elbphilharmonie, kündigte fast fristlos. Alles sei unerfreulich, orakelte er. Man darf spekulieren und sich endlich über einen kleinen Skandal freuen.

Doch es gab auch einen richtigen Skandal, natürlich im Land von Donald Trump und Harvey Weinstein. James Levine, über 40 Jahre Chefdirigent der MET in New York, wurde des sexuellen Missbrauchs beschuldigt. Die

Handlungen liegen weit zurück, Gerüchte gab es seit langem, doch jetzt meldeten sich die Opfer mit konkreten Vorwürfen. Auch ein weiterer prominenter Dirigent wurde konkret beschuldigt: Charles Dutoit. Die MET und alle großen Orchester Amerikas haben diesen beiden bisher hoch geehrten Musikern sofort gekündigt. Die Unschuldsvermutung gilt nicht. „Me too“ ist ein vermintes Gelände, auch in der Klassik. Keinen Zweifel dagegen lässt der Abschlussbericht über die Misshandlungen bei den Regensburger Dompatzen zu. Er benennt 547 Fälle von Gewalt und sexuellem Missbrauch; die Dunkelziffer ist noch höher.

Wunderbar war dagegen der Rummel bei der Volksbühne in Berlin. Ein heftiger, sogar politischer Skandal um die Besetzung des Intendantenthrons loderte monatelang. Frank Castorf, nachdem er ein Vierteljahrhundert geherrscht hatte, ging mit Getöse und der Belgier Chris Dercon kam. Sozialkritische Aktivisten besetzten das Theater, schimpften von der neuen Eventbude (der Ausdruck wird langsam zum Schimpfwort) und es krachte, wie man es sonst nur von Österreich kennt, wenn es um die Direktoren der Wiener Staatsoper und des Burgtheaters geht. Ein Freund, weitläufig mit dem Chefportier des Hotels „Sacher“ verschwägert, berichtete, dass die Regierungsbildung so rasch gelungen sei, weil sich Schwarz-Blau über diese Besetzungen diskret geeinigt hätten. Ein Vorbild für GroKo oder Koko in Berlin? Vielleicht hätte Frau Merkel ihr Abo. für die Wagner-Loge Herrn Lindner zustecken sollen; diskret natürlich. Bei Herrn Schulz wirkt das wahrscheinlich nicht.

Zum Schluss noch eine richtig gute Nachricht: Die Berliner Philharmoniker sind längst im digitalen Zeitalter angekommen. Für 149 Euro kann man in der „Digital Concert Hall" alle Konzerte der Berliner ein ganzes Jahr lang erleben. Logenplatz ohne Abendkleid. Und wer an Silvester noch Luft und Lust hat, für den gibt es ab 17 Uhr das Silvesterkonzert der Berliner live in mehr als 170 Kinos in Deutschland, auch in Baden-Baden. Sollten Sie aber unterwegs sein: das Konzert folgt Ihnen in elf weitere Länder.

Noten und Banknoten – die Musikbranche in Deutschland

Kürzlich erzählte ich die Geschichte von Netrebko und Neymar im Morgenland. Bei uns im Abendland ist der Ball auch rund und um viel Geld geht es auch in der Kultur- und Musikbranche. Der Scheich heißt bei uns: Staat. Kein Land der Welt hat so viele Theater, Opern, Orchester wie Deutschland. In 133 Orchestern, um nur einen Bereich zu nennen, spielen fast 10 000 Musiker, die meisten sind stramm in der Orchestervereinigung (DOV) organisiert, ausgestattet mit Tarifverträgen (TVK). Natürlich verdienen die Berliner Philharmoniker sehr viel mehr als die Baden-Badener Philharmoniker, aber ordentlich leben können sie alle. Von der sozialen Sicherheit der Gruppen Orchester, Chor, Technik, Verwaltung kann ein großer Teil der arbeitenden Bevölkerung nur träumen.

Erst recht von den Spitzengagen. Wir kennen die Gehälter der Politiker, der Manager von Sparkassen, Krankenhäusern usw. (jeder zehnte mehr als 300 000 Euro im Jahr), der Rundfunk-Intendanten (237 bis 400 000; auf dem 4. Platz der SWR mit 338 000), aber die Gehälter der Theater-, Opernintendanten, Chefdirigenten werden als Staatsgeheimnisse gehütet, obwohl alle diese Männer, sehr selten sind es auch Frauen, aus Steuergeldern bezahlt werden. Das gilt auch für die sogenannten Stars. Ein Heer von Agenten sorgt dafür, dass Soprane und Tenöre an Adelina Patti (einer Netrebko des 19. Jahrhunderts) erinnern, von der man sagte: Ihr flossen nicht Noten, sondern Banknoten von den Lippen. Anne-Sophie Mutter kann in einem großen Haus 100 000 am Abend verdienen, Jonas Kaufmann für die Arie des „Sängers“ im „Rosenkavalier“, das sind zweieinhalb Minuten Musik, 20 000, Mehmet Scholl als Fußballexperte jährlich 250 000. Alles Vermutungen! Vielleicht. Es wird hart gezockt in diesem Geschäft. Doppelte Noten bedeutet doppeltes Honorar, sagte mir einmal der berühmte Anwalt einer berühmten Musikerin.

Guter Job soll gut honoriert werden, aber warum dieses große Schweigen? Fürchtet man eine Neiddebatte? Man beruft sich auf das Persönlichkeitsrecht und die Vertraulichkeit der Verträge. Aber es geht auch anders. Die BBC hat erstmals eine Liste ihrer 96 Top-Verdiener publiziert; die Gehälter reichen von 170 000 bis über 2 Millionen Euro. Arme Theresa May, sie verdient nur 155 000 und damit noch viel weniger als Angela Merkel, die wenigstens wie ein durchschnittlicher Sparkassenvorstand oder (vermutlich) ein Stadttheaterintendant mit

245 000 entlohnt wird. Nun will die Stadt Berlin Farbe bekennen und die Gehälter aller Kultur-Manager offenlegen. Empörung ist programmiert.

Wirklich empörend ist die Situation des Kulturproletariats. „Normalvertrag Solo" im Theater klingt hübsch, verrät nichts von seiner rechtlichen und sozialen Härte: Jahresverträge, kein Kündigungsschutz, keine Mindestgagen, klägliche Sozialleistungen für das Fußvolk unserer hochgerühmten Theaterkultur. Selbst wenn es irgendwann eine Mindestgage von 20 000 Euro gäbe, wäre das im Jahr so viel, wie sich der Startenor für seine schöne Arie in zweieinhalb Minuten ersingt. Doch noch größer ist die Ausbeutung, wenn die Freiheit grenzenlos ist, wenn vor allem junge Künstler keinerlei Anstellung finden, von Abendgagen leben müssen. 200 Euro für ein Duo, 500 für ein Quintett; manchmal, nach harten Verhandlungen, Fahrt und Logis vom Veranstalter. Künstler wollen, dürfen keine Beamten sein, aber ihre Selbstausbeutung ist unserem Land, das an Feiertagen so stolz auf seine Kultur ist, unwürdig.

Netrebko und Neymar im Morgenland

Falls Sie, liebe Klassikfreunde, Weltstars in heißer Luft lieben, buchen Sie schnell einen Last-Minute Flug: In Dubai können Sie in in dieser Woche Anna Netrebko samt Ehemann Yusif Eyvazov mit einem Opern-Potpourri hören. Einmalig, wie die Werbung betont. Dafür sind die Eintrittspreise, vom Scheich gesponsert, überaus günstig: Eine Loge zu viert (vielleicht nehmen Sie ja die Familie mit) kostet 1200 Euro und, falls Sie sparen wollen, sind Sie mit 80 Euro dabei, ganz hinten seitlich. Preise, die man auch in Salzburg oder Baden-Baden zahlt.

Die Sänger werden Höhepunkte der Opern liefern und sie werden Höchstgagen bekommen; sechsstellig – vermutlich. Denn so laut in der Musik gesungen – und oft sehr Privates medienwirksam verbreitet wird -, so hartnäckig wird bei Gagen geschwiegen. Geld scheint obszöner als Sex zu sein. Dieses Schweigen im Honorarwald der Klassikszene ist in Deutschland besonders ausgeprägt. Doch davon später.

In anderen Gefilden kennt man diese Scham nicht, vor allem, wenn es um das große Geld geht. Im Sommerloch sprach und las man an allen realen und virtuellen Ecken von einer „Katarisierung“. Das hat weder mit Katharsis noch Katastrophe zu tun, sondern nur mit dem Scheich von Katar. Der legte 220 Millionen für den Fußballer Neymar auf den Tisch, das ganze Paket soll sogar eine halbe Milliarde wert sein. Gewiss, dieser junge Mann aus Brasilien ernährt eine riesige Unterhaltungsindustrie, aber rechnen tut sich der Deal nicht, schlimmer: Er verdirbt die Sitten. Flugs gewöhnt man sich an Ablösesummen von 100 Millionen, und 40 Millionen gelten bereits als Durchschnittswert. Das alles schert den Scheich natürlich nicht, zumal er sich den ollen Brecht hat vorlesen lassen: Erst kommt das Fressen, dann die Moral. Davon lebt der Mensch.

Auch der Kulturmensch? Für Obamas Biographie wurden 60 Millionen als Vorschuss gezahlt, Bilder von Mark Rothko wurden für 90, von Gerhard Richter für 45 Millionen versteigert. Aber natürlich geht es noch höher, und wieder ist Katar im Spiel. Ich stand einmal mutterseelenallein in der Baseler Fondation Beyeler vor dem Bild „Wann heiratest du?" von Gauguin. In diese intime Situation schlich sich das Wissen ein, dass eine Frau aus Katar dieses Bild für 300 Mio. gekauft hat. Gauguin starb arm und einsam, und ich stand nun nicht nur zwei Frauen in leuchtenden Farben gegenüber, sondern auch 300 Millionen. Natürlich weiß ich, dass vor allem Exklusivität als Statussymbol und Spekulationen den Wert dieser Dinge bestimmen, und doch, fürchte ich, beeinflussen große Summen unser Urteil. Das gilt selbst im Alltag. Was teuer ist, muss gut, am besten einzigartig sein. Mein Beifall für die Superstars in der Oper oder im Stadion gilt auch mir selbst, vor allem, wenn ich viel dafür gezahlt habe. So kann man sich mit breiter Brust über inflationäre Gagen, Ablösesummen, Ankäufe empören, doch ein Teil dieses Problems sind wir selbst.

In der Klassik ist vieles ähnlich und vieles anders. Die Summen sind kleiner und das öffentliche Schweigen ist größer. Das Geschäft blüht im Geheimen. Wie sagte doch der große finnische Komponist Jean Sibelius: Mit Bankern kann man über Noten, mit Musikern über Banknoten reden. Fortsetzung folgt: Noten und Banknoten.

Wo sind die deutschen Tastenlöwen?

Neulich fragte ich einen sympathischen jungen Pianisten, ob er auch in Hannover Klavier studiert habe, das sei doch immer noch die erste Adresse in Deutschland? Das stimme schon, meinte er, aber die Stadt sei so langweilig. Wir vertieften die Sache nicht, aber ich kam ins Grübeln, las zuhause nochmals die jüngsten Berichte über die renommierten Klavierwettbewerbe in Tel Aviv, Wien, Brüssel und Frankfurt, fand wieder keinen deutschen Pianisten unter den Gewinnern und telefonierte am nächsten Tag mit einem erfahrener Freund. Er, der Geiger, meinte leicht ironisch, es sei fast ein Naturgesetz bei den Klavierspielern, dass Asiaten und Russen gewinnen. Einen dieser Siegertypen hatte ich kürzlich in Baden-Baden bewundert und gehört, mit welcher Meisterschaft Daniil Trifonov die Poesie des „Forellenquintetts“ erblühen lässt, was möglicherweise schwieriger ist als effektvoll „Rach 3“ zu donnern.

Natürlich gibt es in Deutschland viele junge Pianistinnen und Pianisten; sie sind, wie man so schön sagt, begabt und hoffnungsvoll, bekommen Kritikerlob und Matinee-Termine, aber auf dem Siegertreppchen internationaler Wettbewerbe stehen sie nicht. An den Ausbildungsmöglichkeiten kann es nicht liegen; es gibt in Deutschland so vorzügliche Lehrer und Hochschulen wie in keinem anderen Land. Auch die „Sieger“ studieren oft hierzulande und in Amerika. Es gibt „Jugend musiziert“, Veranstaltungen wie das „Gipfeltreffen der Pianisten“ in Heidelberg oder den „Klavierolymp“ in Bad Kissingen, und es gibt mehr Wettbewerbe als in jedem anderen Land. Doch das Renommee dieser Klavierwettbewerbe ist, mit Ausnahme des ARD-Musikwettbewerbs und des Internationalen Deutschen Pianistenpreises in Frankfurt (da gewann gerade Eric Lu, ein Amerikaner mit chinesischer Abstammung), international gering. Die berühmtesten, den Chopin-und den Tschaikowsky-Wettbewerb, gewann noch nie ein deutscher Pianist. Gleiches gilt für den Busoni-Wettbewerb in Bozen. Nur den Arthur Rubinstein-Wettbewerb in Tel Aviv gewann ein Deutscher: Gerhard Oppitz – freilich vor genau 40 Jahren.

Natürlich weiß man, dass Wettbewerbe manipuliert, Jurys beeinflusst werden. Die Liste der Sieger, die mehr versprachen als sie halten konnten, ist lang. Das ist jedoch ein dürftiger Trost; Ansporn sollten wirkliche Sieger wie Martha Argerich oder Trifonov sein.

Die Autobiographie von Lang Lang ist sprachlich eine Zumutung, aber man erfährt im Detail, wie brutal die frühkindliche Dressur des zukünftigen Stars war. Ist das die Voraussetzung für eine Karriere in unserer Hochleistungsgesellschaft (in welchem Bereich auch immer)? Übertreiben wir auf der anderen Seite die Work-Life-Balance? Zufriedenheit und Wohlstand haben selten Spitzenleistungen befördert. Ein Insiderspruch spitzt das zu: Kommt ein Asiate zu einem Wettbewerb, fragt er als erstes: Wo kann ich üben? Ein Deutsche fragt: Ist das Hotel gut?“

Die Sache ist auffällig, aber vor einfachen Antworten muss man sich hüten. Immerhin genießen drei junge Pianisten internationales Ansehen: Martin Stadtfeld, Alice

Sara Ott und Igor Levit. Sie gelten als deutsche Pianisten – allerdings hat Alice Sara Ott eine japanische Mutter und Igor Levit russische Eltern. Irgendwie spielen Asiaten und Russen immer mit.

Orchesterfusion: das Ende vom Lied – oder?

Die Schlachten sind geschlagen, die Wunden werden nur langsam heilen. Der Fusion von SWF und SDR folgte die der Orchester; zunächst wurde das Radioorchester in Kaiserslautern dem großen Orchester in Saarbrücken einverleibt, jetzt fand die Zwangsehe von SWR- und SDR-Orchester statt. Aus zwei großen, ja großartigen Orchestern wird das super-große SWR-Sinfonieorchester. Selbst in der Wirtschaft scheitern Fusionen - man erinnere sich etwa an das Daimler-Desaster - dennoch können sie notwendig und erfolgreich sein. Doch in der Kunst gelten Individualität und Kreativität mehr als Masse. War also diese Fusion, in der sich vor allem das Orchester in Freiburg als Verlierer fühlt, notwendig?

Die Rundfunkorchester wurden vor 70 Jahren gegründet, um vor allem Radioprogramme herzustellen. Heute finden die Orchester ihre Identität eher im Konzertwesen, regional wie international. Sie sind Imageträger ihrer Sender. Das ist ebenso zu schätzen wie die vielfältigen pädagogischen Aufgaben. Aber eine harte Notwendigkeit für das Programm gibt es nicht mehr. Im Vergleich zu vielen kommunalen Orchestern sind die des

Rundfunks gut situiert. Die ARD, und damit auch der SWR, hätte genügend Geld, die eigenen Orchester und Chöre zu finanzieren, aber sie haben sich für andere Prioritäten entschieden, für Sport und vor allem für Fußball. Fußball ist extrem teuer geworden, aber ist, ähnlich wie „Tatort“, nicht nur ein sicherer Quotenbringer, sondern auch ein gesellschaftliches Highlight quer durch alle Schichten. Auch Musiker lieben Fußball. Wenn also, verkürzt gesagt, Orchester den Fußballrechten geopfert werden, gibt es Protest-Rituale, aber keine massiven Widerstände aus der Mitte unserer Gesellschaft, nicht einmal aus der Kulturszene. „Wir sind das Orchester“ – Fehlanzeige. Und die Politik? Beruft sich bei schwierigen Entscheidungen auf die sogenannte Rundfunkfreiheit.

Für Orchester gibt es keinen Artenschutz wie für Flora und Fauna. Die Fusion bedeutet: Die Vielfalt nimmt ab, der Nachwuchs hat weniger Chancen, Freiburg verliert den Orchestersitz und Baden-Baden alle Konzerte. Die Pessimisten sagen, das ist der Anfang vom Ende, die Optimisten setzen auf einen Neuanfang. Die Voraussetzungen dafür sind nicht schlecht. Das Management führt jetzt Johannes Bultmann, ein Mann mit Leidenschaft für klassische Musik. Kein Chefdirigent, viele neue Namen. Musikalische Programmatik statt Eventkultur. Das weckt Neugierde. Nicht schlecht für einen Neuanfang.

Frauenpower in der Klassik?

Auf Twitter las man dieser Tage, dass sich in Berlin mächtige Männer zu einem „Men20 Summit" versammelt haben. Ein Männergipfel? Man kam ins Grübeln und fand bald die Lösung: Es war ein Fake, denn es handelte sich um den „Woman20 Summit". Es gab schöne Bilder und kluge Worte von mächtigen Frauen. Denn noch immer ist die Gleichberechtigung der Frauen kein universales Recht, und selbst in der westlichen Welt steht vieles nur auf dem Papier. Auch in der klassischen Musik.

Auf den ersten Blick scheint alles in Ordnung zu sein. Kastraten, die die Opernbühnen des 17. und 18. Jahrhunderts beherrschten, gibt es nicht mehr. Diven wie Adelina Patti eroberten im 19. Jahrhundert die Bühnen; von ihr sagte man: Ihr flossen nicht Noten, sondern Banknoten von den Lippen. Kostbare Töne hörte man nicht nur von Caruso oder Pavarotti, sondern auch von Kirstin Flagstad oder Maria Callas und heute von Anna Netrebko. Chöre und Opern sind ohne Frauen undenkbar. Auch im Instrumentalbereich litten Frauen unter gesellschaftlichen Tabus, heute sind Pianistinnen wie Martha Argerich in die Fußstapfen von Clara Schumann getreten, und selbst die „männliche" Geige haben Frauen wie Anne-Sophie Mutter erobert, gefolgt von einem Schwarm junger Violonistinnen. So sind Gesang, Spiel, auch Tanz und Choreographie, man denke an Marcia Haydée, Birgit Keil oder Sascha Waltz, gut in Frauenhand. Schwieriger wird es bei Komponistinnen, Dirigentinnen, Intendantinnen. Trotz wichtiger Ausnahmen wie die Komponistin Sofia Gubaidulina oder

Simone Young, die als Dirigentin auch Chefin der Hamburger Staatsoper war, sind Frauen in diesen Bereichen Exoten wie unter den Sterneköchen. Das gilt besonders für den hochdotierten, hochgerühmten Siemens-Musikpreis: Seit 1974 gab es eine einzige Preisträgerin, was einer Quote von 44:1 entspricht.

Wie es bei den Orchestern steht, konnte man bei den Osterfestspielen in Baden-Baden sehen. Zwar sind die Berliner Philharmoniker im Vergleich zu ihren Kollegen in Wien geradezu frauenfreundlich. Die Wiener sind ein ehrenwerter, berühmter Männerverein, der sich vor 20 Jahren theoretisch zur Chancengleichheit bekannt und inzwischen den Frauenanteil über die obligate Harfenistin hinaus auf 6% erhöht hat. Die Berliner haben 1983 den berühmten Skandal um die Anstellung der Klarinettistin Sabine Meyer überstanden (sie war nur Anlass für einen Machtkampf, erlitt ihr Schicksal wie Helena in der Antike) und haben heute mit der Hornistin Sarah Willis an der Spitze eine Quote von 14%. Doch im internationalen Vergleich ist das noch immer dürftig. Diese neue Welt sah man ebenfalls in Baden-Baden: Das Bundesjugendorchester hat eine Konzertmeisterin, sehr viele Streicherinnen, Holzbläserinnen; Blechbläser und Schlagzeug bleiben männlich. Es geht voran. In den Musikhochschulen und bei Vorspielterminen steht es pari. Noch werden Männer besser bezahlt, noch beharren sie auf den Spitzenpositionen, überall in unserer Gesellschaft. Doch die Zukunft ist weiblich: in Medien, Medizin, Musik. Zieht euch warm an, Jungs.

Wo weht der Wind, Mr. Dylan?

Was macht Bob Dylan am Samstag? Schlafen, trinken, in der Sonne liegen, im Studio arbeiten? Ein Konzert ist nicht geplant, einen Frack wird er nicht ausleihen, nicht ins kalte Stockholm reisen. Das Preisgeld, gut 800 000 Euro, wird ihm überwiesen. Vielleicht kommt er im Frühjahr, wenn's wärmer ist, vielleicht schickt er ein Video mit „You don't need a weather man/ To know which way the wind blows."

Es rauschte gewaltig im Blätterwald als am 13.Oktober 2016 bekannt wurde, dass Mr. Dylan den Nobelpreis für Literatur erhält. Endlich sei die Popmusik im Olymp angekommen, schwärmten die einen, die anderen schrieben und sprachen von einer falschen Wahl, von einem Missverständnis, denn seine Songtexte seien nichts ohne Musik und ohne Inszenierung. Über den Qualitätsbegriff von Literatur kann man wacker streiten, auch Winston Churchill oder Dario Fo bekamen den Nobelpreis für Literatur, aber bisher war klar, Literatur wird aufgeschrieben, gedruckt, gelesen, vorgelesen. Mit der Wahl von Mr. Dylan erweitert die Schwedische Akademie den Literaturbegriff. Ein Walter von der Vogelweide oder ein Librettist wie Lorenzo da Ponte hätten gute Chancen.

Alfred Nobel war ein Mann der Naturwissenschaften, seine Erfindung des Dynamit hat viel Unheil angerichtet, die fünf von ihm gestifteten Preise sind eine Art Wiedergutmachung. Nur die Künste schienen ihm nicht besonders „nützlich" zu sein. Kein Preis für die darstellende, für die bildende Kunst, keiner für Musik. Diesen

Nachteil hat nun die schwedische Akademie behoben. Offiziell zwar begründet sie den Preis mit der Poesie der Songtexte, in Wahrheit aber kürt sie den Entertainer, der Literatur, Musik, Theater vereint. Da wäre auch Wagner ein heißer Kandidat für den Literaturnobelpreis gewesen.

Mr.Dylans Rache war süß und lehrreich: Er schwieg, war nicht zu erreichen; die Spannung wuchs, nimmt er an, lehnt er ab? Nach Wochen dankte er, wüsste aber nicht, ob er nach Stockholm komme. Pause, neue Spannung. Endlich das erlösende Wort: Er sei anderweitig verpflichtet. Basta. So hielt sich Mr.Dylan wochenlang im Gespräch. Das Timing verdient einen PR-Nobelpreis. Allerdings wuchs auch die Empörung, sogar bei den sonst gelassenen Schweden. Ungezogen, flegelhaft, arrogant, demütigend waren noch vornehme Attribute für Mr. Dylan. Selbst schuld, könnte man sagen, Leonard Cohen selig hätte anders reagiert. So waren die Wahl und die Reaktionen darauf ein Lehrstück für die Kunst der Inszenierung. Kunst, Politik, unser Leben: alles ist Show. Nur die Show erregt Aufmerksamkeit. Ich fürchte, selbst die klassische Musik muss das lernen, sonst wird sie museal. Doch davon ein anderes Mal.

Das Theater mit dem Regietheater

Alle Jahre wieder erregen sich Zuschauer und Kritiker bei den Bayreuther und Salzburger Festspielen über die

Regisseure. Dirigenten und Sänger werden gefeiert, Einspringer am Pult als Entdeckung gepriesen, ziemlich unbekannte Sänger bejubelt. Schnell sind Andris Nelsons, Anna Netrebko oder Jonas Kaufmann vergessen. Die viel beklagte Krise im Wagnerfach scheint es nicht zu geben. Musikalisch ist alles in Ordnung. Aber die Regisseure! Man weiß nicht, ob man sie wegen der Buhstürme und Verrisse bedauern oder dafür bewundern soll, wie zuverlässig sie leidenschaftliche Reaktionen provozieren. Garanten dafür sind zum Beispiel Frank Castorf und Calixto Bieito. Intendanten engagieren sie, weil durch sie ein Skandal und damit Aufmerksamkeit garantiert ist. Den Regisseuren ist der Skandal ein Mittel zum Zweck der Aufklärung; so reduziert Castorf den „Ring“ mit viel Schnickschnack auf eine Kapitalismuskritik. Das Publikum soll sich nicht zu billig amüsieren, soll nicht so romantisch glotzen. In diesem Sinn sind die Regisseure Brechtianer. Der Regisseur erhebt sich zum Lehrmeister, der Autor hat ihm zu dienen. Im Schauspiel werden Texte bearbeitet, collagiert, verstümmelt mit dem schönen Nebeneffekt, dass diese Neubearbeitungen Urheberrechte generieren. Werk- und texttreue Aufführungen wie Dieter Dorns als Meisterwerk gefeierte Inszenierung von Becketts „Endspiel“ in Salzburg sind selten. An Opernpartituren traut man sich (noch) nicht heran, im Gegenteil: in der Musik wird der Originalklang verherrlicht. So widersprechen sich oft Musik und Szene und es heißt: Ohren auf und Augen zu.

Im Barocktheater musste man vor allem die Augen aufmachen, um das Maschinentheater der Bühnenarchitekten zu erleben. Musik war Bühnenmusik. Regisseure im heutigen Sinn gab es nicht. Später waren es Arrangeure im Dienste berühmter Schauspieler und Sänger. Erst Richard Wagner und der Theaterherzog Georg II. von Meiningen forderten das Gesamtkunstwerk, in dem Regie ein wichtiges künstlerisches Fach ist. Und nochmals vergingen rund 50 Jahre, ehe es in der Berliner Krolloper mit „Tannhäuser im Frack“ den ersten richtigen Regietheater-Skandal gab. Seitdem gibt es vor allem in Deutschland heftige Diskussionen über den Stellenwert der Regie: Dient sie dem Werk, interpretiert sie es neu und aktuell oder befriedigt sie vor allem das Ego der Regisseure? Erschreckt, verstört, verwirrt sie das Publikum, das amüsiert, unterhalten sein will? Kritiker misstrauen oft dem Beifall des Publikums. Auch dafür gab es in diesem Sommer zwei Beispiele: „Parsifal“ und „Die Liebe der Danae“. Kritiker nannten die Inszenierung in Bayreuth einen weltreligiös überladenen Kitsch und die in Salzburg eine kalte Prachtbude in Blattgold. Doch manche, zunächst abgelehnte Inszenierung wie Wieland Wagners „Sinfonien im Dunkel“, Peter Sellars Mozart-Zyklus made in USA, Patrice Chéreaus „Ring“ wurde später heiliggesprochen. Erkenntnisgewinn braucht manchmal Zeit; das gilt für Kritiker und Publikum.

Der Intendant des Festspielhauses Baden-Baden lehnt Regietheater entschieden ab, die Stuttgarter Staatsoper nicht. Eine Erfolgsgarantie ist weder das eine noch das andere. Das Theater braucht den Regisseur. Über seinen Herrschaftsanspruch darf heftig gestritten werden.

Valery Gergiev hat das Mariinsky Theater und die russische Musik wieder zum Blühen gebracht, er hat das Festspielhaus Baden-Baden aus schwierigen Anfängen gerettet, er hat Wagners „Ring“ ebenso großartig dirigiert wie Zyklen mit Werken von Schostakowitsch und Tschaikowsky, er ist umtriebig, reich und er ist ein Freund Putins. Freunde helfen einander.

Symbiosen von Macht und Kunst gab es schon immer. Fast alle Musiker und Komponisten waren bis ins 19. Jahrhundert hinein Fürstendiener; wenn sie Glück hatten, Angestellte wie Gärtner oder Köche. Nachfolger der Fürsten waren Bürgertum und Staat. Karl Marx verspottete Wagner als Staatsmusikanten, aber das Lob des Staates sang Wagner nicht, auch wenn viel später der Trauermarsch aus der „Götterdämmerung“ von Lenin wie Hitler politisch missbraucht wurde. Der berühmteste Fall von Anpassung an das Naziregime ist Wilhelm Furtwängler. Er half Juden, dirigierte zu Reichsparteitagen und Hitlers Geburtstag, schwor dem Führer Gefolgschaft im Aufruf der Kulturschaffenden 1934, ließ sich als Aushängeschild der Nazi missbrauchen. „Machtgeschützte Innerlichkeit“ nannte das Thomas Mann. Auch Elly Ney, Karajan oder Karl Böhm waren politische Opportunisten. Ganz anders der Cellist Pablo Casals. Er war ein bekennender, kämpferischer Feind jeder Diktatur, spielte aber mit Hingabe vor J.F.Kennedy. Politische Bekenntnisse findet man in den Werken von Luigi Nono und Hans-Werner Henze; sie waren Mitglieder der Kommunistischen Partei Italiens, träumten von der Verbindung von Avantgarde und Arbeiterklasse. Alle wichtigen Künstler Italien taten das damals, unter ihnen Claudio Abbado und Maurizio Pollini.

Gergiev gehört nicht zu den systemkritischen, nicht zu den schweigsamen Künstlern. Putin ist ihm Garant für Russlands Größe.2008 fuhr er mit dem Mariinsky Orchester in den Kaukasus, nach Zchinwali, um Russlands Sieg im ossetischen Krieg mit der Leningrader Sinfonie von Schostakowitsch zu feiern. In diesem Jahr war das von russischen Soldaten befreite Palmyra in Syrien seine Bühne. Das Fernsehen war bei diesen Truppenbesuchen immer dabei. Ein Schelm, wer an Propagandamusik denkt. Dazwischen Werbeclip für Putins Wiederwahl, Treuebekenntnis für Putins völkerrechtswidrige Annexion der Krim, Verharmlosung der Anti-Homosexuellen Gesetze in Russland.

Gesinnung ist keine musikalische Kategorie, eine moralische schon. Gergiev ist kein Taktiker, kein Opportunist, sondern ein Überzeugungstäter. Das macht ihn sympathisch, aber auch gefährlich, zumindest für aufrechte Demokraten. Mit dem Begriff der „gelenkten Demokratie“ können die beiden Freunde gut leben, der eine im Kreml, der andere im Theater.

Wien, Du Stadt meines teuren Traums

In vielen Familien haben Silvester und Neujahr feste Rituale. Diese Familien sind glücklich. Ich beneide sie. Bei uns beginnt die Diskussion jedes Jahr von neuem, wenn die Supermärkte die Osterhasen in Weihnachtsmänner umgeschmolzen haben, also im Spätsommer. Sie verschärft sich von Tag zu Tag. Meine Frau, ein Zwilling, ist mit Harmonie und Unentschlossenheit gesegnet. Um mich zu besänftigen, sagte sie nun: „Wien, das wird dir gefallen." Viele Jahre habe ich dort studiert, gearbeitet. Meine seligen Erinnerungen kennt sie, wie das in guten Ehen üblich ist, auswendig. Wohnen, wo Pavarotti Pasta kochte, Tafelspitz bei Plachutta, Stöbern im Dorotheum, Häppchen mit Pfiff bei Trzesniewsky, Hawelka gegenüber, Stadtheuriger, Krönungsmesse in der Hofburg. Perfekt – dachte ich. Meine Frau nickte ergeben:„Aber nur, wenn wir ins Neujahrskonzert gehen." Ich hielt die Luft an. Sie wollte in den Musikvereinssaal, in diesen goldenen Tempel der klassischen Musik. Ein normales Abonnement für die Wiener Philharmoniker ist als Erbschaft begehrter als ein prall gefülltes Nummernkonto. Als Studenten mussten wir auf viele Heurige verzichten und viele Schillinge für Trinkgelder locker machen, um dort Konzerte mit neuer Musik zu hören, also alles nach Wagner, Strauss mal ausgenommen. Ins Neujahrskonzert kam ich nie. Die Eltern meines Freundes aus Texas hatten es ein Mal geschafft. Sie wohnten im Sacher, erwarben sich das Wohlwollen des Chefportiers, der ihnen mit seinen gekreuzten goldenen Schlüsseln das Neujahrskonzert aufschloss. Große Geldscheine umwölkten meine Stirn. Als ich zum Telefon griff, riet mir meine Frau zum Internet, das sei nicht so vornehm, aber sicher preiswerter. Ich fand ein Ticketcenter, das Karten in der besten Kategorie anbot. Meine Lesebrille beschlug sich. Meine Frau hörte mein

Stöhnen: „Such bei ebay!“ Neue Hoffnung, neue Eingabe. Viele Neujahrskonzerte auf CD, MP3, DVD, Bilder, Bücher und, irgendwo versteckt, 2 Karten gegen Höchstgebot, 5400 (in Worten fünftausendvierhundert) Euro, nicht Schilling. „Immerhin“, sagte meine Frau, „billiger als beim Ticketcenter“. Dort sollten zwei Karten 7800 Euro kosten, beste Kategorie. Meine Frau gab nicht auf: „Stehplatz, das macht uns jünger.“ Ich schaute auf den Bildschirm: Ärmer! Zwei Karten 1500 Euro. Ein letztes Aufbäumen: „Erinnere dich an die geteilte Walküre? Jeder eine Halbzeit auf Stehplatz.“ Ich rechnete: das wären läppische 375 Euro für jeden, Stehplatz, eine Halbzeit. Wir schauten uns an, lachten und beschlossen, Jahresabonnements für die Opern in Stuttgart, Mannheim, Karlsruhe, Freiburg und viele schöne Konzertreihen zu kaufen. Auch das Festspielhaus in Baden-Baden werden wir uns leisten. Wir hatten ja viel gespart. Aber nach Wien reisen wir trotzdem. Ich will mich mit dem Mann mit den goldenen Schlüsseln unterhalten, vertraulich. Neujahr bleibt unausweichlich.